ASTRID
LEHMANN

FINSTERER SCHWARZWALD

SCHAURIGE GESCHICHTEN AUS ALTER ZEIT

Die Autorin

Astrid Lehmann ist eine französische Schwarzwälderin. Nach einer kurzen Kindheit in Frankreich und einer etwas längeren Jugend im Schwarzwald hat Astrid jahrelang auf drei Kontinenten in großen Metropolen gelebt und gearbeitet. Fremde Kulturen und grandiose Naturlandschaften haben sie auf ihren Reisen fasziniert. Vor über zwölf Jahren ist Astrid in den Schwarzwald zurückgekehrt und wohnt heute mit ihrer Familie im wunderschönen Wolftal, wo sie ihre ganz persönliche Heimat gefunden hat. Nach Stationen in der Vertriebswelt und dem Tourismus arbeitet sie nun als Wildpflanzenpädagogin und Autorin. Naturverbunden und abenteuerlustig genießt sie die einzigartige Natur- und Kulturlandschaft des Schwarzwalds und ist dabei am liebsten zu Fuß unterwegs.

ASTRID
LEHMANN

FINSTERER SCHWARZWALD

SCHAURIGE GESCHICHTEN AUS ALTER ZEIT

SILBERBURG

Impressum

Le premier battement de cœur
est le début d'une longue histoire d'amour

Der erste Herzschlag ist der Anfang
einer langen Liebesgeschichte

à ma maman

Sollte dieses Werk Links auf Webseiten Dritter enthalten, so machen wir uns die Inhalte nicht zu eigen und übernehmen für die Inhalte keine Haftung.

1. Auflage 2023

Umschlaggestaltung, Satz und Layout:
Björn Locke, Herrenberg.
Lektorat: Michael Raffel, Tübingen.
Printed in Poland by CGS Printing.

ISBN 978-3-8425-2401-9

Ihre Meinung ist wichtig für unsere Verlagsarbeit. Senden Sie uns Ihre Kritik und Anregungen unter **meinung@silberburg.de**

Besuchen Sie uns im Internet und entdecken Sie die Vielfalt unseres Verlagsprogramms: **www.silberburg.de**

Wer nie sein Brot mit Tränen aß,
Wer nie die kummervollen Nächte
Auf seinem Bette weinend saß,
Der kennt euch nicht, ihr himmlischen Mächte.

Ihr führt ins Leben uns hinein,
Ihr lasst den Armen schuldig werden,
Dann überlasst ihr ihn der Pein;
Denn alle Schuld rächt sich auf Erden.

Johann Wolfgang von Goethe

Geschichten so geheimnisvoll wie mancher Karsee

Inhalt

Geschichten müssen erzählt werden, sonst versinken sie im Sumpf des Vergessens.

Steinkreuze und Bildstöcke begleiten uns im Schwarzwald auf Schritt und Tritt. Im Inneren hüten sie eine geheimnisvolle Welt der Erzählungen. Als steinernes Gedächtnis geben sie dem heutigen Betrachter meist nur wortkarg Auskunft. Das Geschehene liegt im Dunkeln der Jahrhunderte und bietet viel Spielraum für Spekulationen. Ein verblichenes Zeichen, gelegentlich eine Jahreszahl, bestenfalls ein Name – still halten sie die Geschichten des Schwarzwalds fest. Sie erzählen von der Not und dem Leid der Menschen, von tragischen Unfällen und Schicksalsschlägen: ein Blitz, der einen Bauer bei der Feldarbeit tötet, ein Baum, der einen Holzfäller erschlägt, ein Fuhrwerk, das einen Handwerker überrollt. Die Zeugnisse der Zeit berichten von Flößern, Näherinnen, Taglöhnern. Über 700 Jahre Alltag mit all seinen Gefahren. Die steinernen Überbleibsel zeugen auch von Epochen der Seuchen, des Hungers und der Fehden, in denen Gewalttaten stets zunahmen. Dabei wird die ganze Bandbreite der menschlichen Abgründe sichtbar. Die Habgier und der Neid, die Rachsucht und die unkontrollierbare Wut, der Fanatismus und das krankhafte Begehren. Diese Triebkräfte des Verbrechens sind keine modernen Erfindungen.

Gegen das Vergessen wurden diese stillen Schönheiten, meist aus dem für den Schwarzwald typischen Sandstein, errichtet. Manche Vertreter sind schlicht gehalten, der Stein nur grob gehauen, andere wiederum zeugen von großer Handwerkskunst und überraschen mit ihren Verzierungen und Proportionen. Nicht nur bei der Verarbeitung gibt es Unterschiede, auch ihre Form verhilft uns zu einer Kategorisierung, dabei ist die Einordnung nicht in Stein gemeißelt, es kommen immer wieder Ausnahmen vor. In der Regel halten **Steinkreuze** den gewaltsamen Tod eines Menschen fest, zu dessen Andenken das Denkmal gesetzt worden ist. Manchmal erzählen sie auch von mehreren in Streit geratenen und getöteten Personen. Oder sie erinnern an ein trauriges Geschehen in einem historischen Kontext wie dem Dreißigjährigen Krieg, der Pest- oder der Hungerszeit. Steinkreuze werden in der Literatur auch als **Grenzsteine** aufgeführt. Sie dienten der Bevölkerung als Orientierung, doch der eigentliche Grund ihres Aufstellens liegt meist im Verborgenen. Das ferne Zurückliegen ermöglicht keine präzise Aussage. Einige unserer Steinkreuze sind spätmittelalterliche **Sühnekreuze**. Sie waren Teil einer Erfüllungsschuld, eine einst gängige Praxis. Nach einer Gewalttat wie einem Totschlag regelte ein zwischen den verfeindeten Parteien geschlossener Vertrag alle Einzelheiten der Wiedergutmachung. Die Täterseite verpflichtete sich unter anderem zur Aufstellung eines Kreuzes, die Opferfamilie verzichtete auf eine Vergeltung oder eine gerichtliche Verfolgung. Damit war der »Schaden« beglichen, und die Blutrache wurde für beendet erklärt. Da die Bevölkerung zu diesen Zeiten meist nicht lesen konnte, wurde auf dem Mahnmal die Mordwaffe oder der Berufsstand des Getöteten eingemeißelt: Dolche, Speere, Rebmesser, Scheren oder eine Pflugschar. Ab dem 16. Jahrhundert wurde die privatrechtliche Regelung der Sühneverträge nach und nach von der öffentlichen gerichtlichen Strafprozessordnung abgelöst. **Bildstöcke** hingegen zeugen von tiefer Volksfrömmigkeit. Meist berichten die Säulen von tragischen Unfällen und Schicksalsschlägen, die sich am Ort des Errichtens zugetragen haben, verbunden mit dem Wunsch des Nichtvergessens und der Hoffnung auf ein Morgen nach dem Tod. Manche Bildstöcke sind nach einer überstandenen schweren Zeit als Zeichen der Dankbarkeit errichtet worden. Noch heute schmücken gelegentlich frische Blumen die Nischen, in denen geborgen eine Heiligenfigur steht.

Unglücksorten, an denen Menschen den Tod gefunden haben, haftete schnell das Unheimliche an. Und da schaurige Geschehnisse die Fantasie der Menschen schon immer beflügelt haben, entwickelten sich Sagen von umgehenden Geistern, die wie Nebelschwaden aufziehen und an der Stelle der Pein, meist an düsteren Orten oder tief im Wald, ihr Unwesen treiben sollen. Manche dieser sagenhaften Geschichten halten sich hartnäckig, bis heute. Wie der Name verrät, basiert die Sage auf dem gesprochenen Wort. Das berühmte Körnchen Wahrheit besteht meist darin, dass das fabelhaft Erzählte auf ein wahres Ereignis zurückzuführen ist. In einer Zeit, in der die Geschichten von Mund zu Mund weitergetragen wurden, sind sie bei ihrer Wanderung durch die Jahrhunderte umkleidet worden. Jeder Erzählende schmückte sie mit seiner dichterischen Fantasie aus. Die Geschichten, die sich um die Erinnerungsmale ranken, sind somit ein Zusammenspiel von historischen Fakten und fantasievoll ausgemalten Erzählungen.

Was ist nun wahr an der Überlieferung, was wurde hinzugereimt? Das ist heute oft nicht mehr nachvollziehbar. Die Grenze ist fließend. Bei den wenigsten Denkmalen sind fundierte Quellen vorhanden, die den Schleier der Ungewissheit lichten können. So bleiben die meisten Erinnerungsmale umhüllt von einem geheimnisvollen Umhang, der sich wahrscheinlich nie lüften lassen wird.

Die in diesem Band porträtierten Steinkreuze und Bildstöcke wurden sorgsam ausgewählt und sollen den Schwarzwald in seiner Bandbreite und in seiner Wandlung durch die Jahrhunderte porträtieren, in denen Fehden dezimierten, Seuchen ausmerzten und Hungersnöte grassierten. Einige Erzählungen stützen sich auf heimatkundlich gut recherchierte Quellen und wurden so wiedergegeben. Andere Geschichten hingegen basieren auf überlieferten Sagen, da es keine verlässlichen Dokumente gibt. Ihr Wahrheitsgehalt ist mehr als fraglich. Und so habe ich mir erlaubt, auch meine Fantasie und meine Emotionen mit einfließen zu lassen. Trotz dieser Tatsachen und des bestehenden Fragezeichens skizzieren die Denkmale das Leben der Menschen im jeweiligen historischen Kontext und bieten so einen Ausflug in frühere Zeiten. Schwarzwaldgeschichte anhand von Steinkreuzen und Bildstöcken. Kulturerbe, das eine einzigartige Landschaft bis heute prägt.

Doch wer weiß? Vielleicht liegen Ausdeutung und Wirklichkeit nicht so weit voneinander entfernt und können sich die ausgestreckte Hand reichen? Was bleibt, ist die Gewissheit, dass vor vielen Jahren ein Mensch gestorben ist, dessen Schicksal uns tief im Herzen berührt. Ein Mensch mit seinen Nöten und Sehnsüchten, die uns flüsternd und raunend zugetragen werden. Beim Hinhören auf den Herzschlag des Steins sehen wir in die Seelen unserer Vorfahren und spüren, dass die Suche nach Glück und Liebe so alt ist wie die Menschheit. Die steinernen Säulen erwachen zum Leben.

Graf Casimir von Eberstein

Alles spricht gegen das berühmte Körnchen Wahrheit in dieser Sage. Die Beweislage ist erdrückend. Und doch ist die Überlieferung so einzigartig, dass sie erzählt werden sollte. Die nackten Tatsachen, die die sagenhafte Dichtung widerlegen, kommen hinterher.

Gernsbach – 1660

Er ist zufrieden mit dem, was er sieht. Sein Spiegelbild. Eingerahmt von goldenen Ziselierungen blickt ihm ein stattlicher Mann entgegen. Das gelockte Haar fällt auf seine aufrechten Schultern. Die feine, aristokratische Nase verleiht seinem Gesicht die natürliche Eleganz, die nur ein Adliger aufweisen kann. Die stechenden Augen zeugen von Intelligenz. Ein geschwungener Schnurrbart, eine weiche Oberlippe, die Sinnlichkeit ausstrahlt, und ein markantes Kinn vervollständigen sein Äußeres. Vollkommene Ästhetik. Er lächelt in den Spiegel, und sein Gegenüber verströmt die Arroganz der Jugend. Er liebt das Leben, beißt mit seinen Zähnen fest hinein und kostet die Annehmlichkeiten, die die Leere füllen. Der prunkvolle Glanz, die endlosen Feierlichkeiten, die die Nacht zum Tag werden lassen, der Reiz des Gewinnspiels, der Kitzel der Treibjagd, die schnellen Pferde, die zierlichen Edelfrauen, die derben Bauerntöchter, er labt sich an allem, was die richtige Geburt ihm bietet. Er reckt sein Kinn in die Höhe und begutachtet seine Schläfen. Die Heirat mit Maria bekommt ihm gut. Neben einer beachtlichen Mitgift verleiht sie ihm ein respektables Ansehen. Sie ist zwar einige Jahre älter als er, doch noch im gebärfähigen Alter. Nur das zählt. Sie sind erst wenige Monate verheiratet, und schon erwartet sie seinen ersten Sohn, einen Stammhalter für die Ebersteiner. Zufrieden schnalzt er mit der Zunge und wendet sich nach einem letzten Blick in den Spiegel ab. Seine Freunde erwarten ihn in seinem Lusthäuschen, das an der Murg liegt. Der elegante Pavillon dient dem männlichen Zeitvertreib. Ein privater Rückzugsort, fern der Blicke, in dem sie gemeinsame Stunden verbringen. Hitzige Gespräche, guter Wein und das Glücksspiel. Er liebt die Würfel, die Karten und Spielsteine. Alles, was die Langeweile erträglicher macht. Heute wollen sie kegeln. Bis in die Fingerspitzen kann er die Erregung spüren. Er weiß, er muss sich zügeln, denn der Reiz des Gewinns lässt ihn oft die Kontrolle verlieren, und mit nur einem Wimpernschlag setzt er große Summen ein. Heute muss er siegen, denn die hohen Verluste der letzten Spielrunden sitzen ihm noch drückend im Nacken!

Die anderen erwarten ihn bereits. Alle sind sie gekommen, hungrig nach Ablenkung. Die Speisen, die aufgetischt sind, werden kaum berührt, dafür füllen sich die Gläser umso schneller. Hitzköpfig besprechen sie die heutigen Regeln. Bei ihm baut sich die übliche Ungeduld auf. Ein dumpfes Gefühl, das in der Magengegend beginnt und auf seinen gesamten Körper ausstrahlt, bis hin zu seinen Fingern, die jucken. Endlich greifen sie nach den Holzkugeln. Doch die ersten Runden verlaufen nicht wie erhofft. Bei seinen Spielkameraden fallen die Holzfiguren wie die erste Schützenreihe in einer Schlacht. Bei

Graf Casimir von Eberstein:
das Keglerkreuz

ihm scheinen die Kegel wie festgeklebt, als hätten sie tiefe Wurzeln in die Bahn geschlagen. Das Sticheln seiner Freunde facht seine Panik an, denn er hat bereits hohe Geldsummen eingesetzt. Er versucht, die stürmische Gefühlswelt, die in seinem Inneren brodelt, zu unterdrücken. Eine Mischung aus aufsteigender Furcht und schäumender Wut. Es reicht. Es ist an der Zeit, das Schicksal in seine Hände zu nehmen und das Ruder herumzureißen. Er ist schlau, denn er hat vorgesorgt. Er nimmt die schwere Holzkugel in die Hand und fixiert nicht die Figuren, sondern den Kegelburschen am Ende der Bahn. Er nickt ihm kaum merklich zu und zwinkert mit dem rechten Auge. Das vereinbarte Zeichen, mit dem Fuß nachzuhelfen. Casimir wirft voller Zuversicht seine Kugel, die wie auf einer Schnur gezogen in einer geraden Bahn auf die Figuren zurollt. Ein leichtes Lächeln fliegt über seine Lippen. »Klong«. Kaum fallen die Kegel der Reihe nach um, schreien seine Freunde empört auf.

»Ebersteiner, du hast wohl den Kegelbruder geschmiert!«

»Er hat mit der Fußspitze den rechten Kegel umgeschmissen. Ich hab's genau gesehen!«

»Schurke!«

Casimir dreht sich um und blickt in vom Alkohol erhitzte Gesichter. Erbost funkelt er seine Freunde an.

»Ihr Canaillen, das stimmt nicht! Das Glück steht auf meiner Seite.«

Doch die Beschimpfungen seiner Kegelbrüder ebben nicht ab. Einer kommt gefährlich wankend auf den Grafen zu. In seiner rechten Hand hält er einen Holzkegel.

»Gib's wenigstens zu, Ebersteiner!«

Kaum hat er den Namen seines Spielgegners ausgespuckt, hebt er den Arm und schwingt mit voller Wucht die hölzerne Mordwaffe auf Casimirs Schädel. Ein gewaltiges Krachen ertönt, und dann ist es still.

Einladung in die Welt der Gartenträume

Wo befindet sich das Denkmal?

Das Kreuz befindet sich im Katz'schen Garten in Gernsbach, einer verzauberten, spätbarocken Gartenwelt mit einem Hauch von Exotik, und wird mit der Sage verbunden, dass der letzte Ebersteiner beim Kegelspielen betrogen hat. Einer seiner Kegelbrüder war so erbost, dass er mit einer Holzfigur den Grafenschädel zertrümmerte. Die Über-

lieferung hält der historischen Deutung nicht stand. Das plastische Kreuz mit dem erhabenen Kegel stammt aus der Zeit um 1500, Graf Casimir hauchte seinen letzten Atemzug am 22. Dezember 1660 aus. Zudem liefert der Bericht von Johann Nikolaus Eisenschmidt, dem als Ebersteiner Rat die Verwaltung der gräflichen Besitztümer oblag, andere Informationen.

Was ist überliefert?

Zu den Fakten. Die hohe Sterblichkeit in den Adelsfamilien im Mittelalter und in der Neuzeit kann man anhand des Geschlechts der Grafen von Eberstein nachvollziehen. Eine vom Pech verfolgte Dynastie. Zunächst residiert die Adelsfamilie vom 11. bis zum 13. Jahrhundert auf der zu Baden-Baden gehörenden Ebersteinburg, bevor sie ihr neues Domizil in Gernsbach auf dem Schloss Eberstein bezieht. Zunächst verläuft alles wie in einem Märchen. Durch wohldurchdachten Menschenhandel in Form von gewinnbringenden Eheschließungen, wie üblich zu diesen Zeiten, vermehrt die Grafenfamilie ihren Reichtum und den Besitz an Ländereinen. Eine solide Ausgangslage, um gleich mehrere Klöster zu stiften: als erstes das Zisterzienserkloster Herrenalb, später kommt unter anderen das Benediktinerkloster Frauenalb hinzu, als geistliche Herberge für Töchter aus adligen Familien. Die Frömmigkeit mag im Vordergrund gestanden haben. Doch so ganz uneigennützig war die Gründung nicht: Die Mitgift und die Schenkungen der Familien, die die Frauen entsandten, steigerten das Vermögen der Stifterfamilie. Im 13. Jahrhundert reichte ihr Besitz weit über das Murgtal hinaus, so dass sich ihr Einfluss zu einem erheblichen Radius vergrößerte. Ländereien vom Elsass bis in den Kraichgau konnte sie ihr Eigen nennen. Doch der Gipfel ist irgendwann erreicht, auch in einer Adelsfamilie, dann geht es wieder hinunter, und man gelangt zu nicht geahnten Tiefpunkten.

Die Jahrzehnte nach der Blütezeit sind geprägt von Verschwendung und schwachen Finanzen, von Streitigkeiten und Zwist mit anderen Herrscherfamilien. Im letzten dramatischen Akt erfolgt schließlich das Erlöschen des Adelsgeschlechts. Wir sind im 17. Jahrhundert angekommen, und die einstige Großherrschaft der Grafen ist zu einem für damalige Adelsverhältnisse Mini-Besitz geschmälert worden. Der regierende Graf Philipp II. erliegt 1609 mit 39 Jahren einem hitzigen Fieber. Pest, Pocken, Typhus und noch viele andere seuchenartige Krankheiten grassieren in ganz Europa. Von seinen fünf Kindern überlebt nur ein Sohn. Als junger Mann wird dieser

Mitten in Gernsbach – ein buntes Kleinod

im Dreißigjährigen Krieg getötet. Philipps Nachfolger, seinem Bruder Hans Jakob II., ergeht es nicht viel besser. Zwar wird er stolze 63 Jahre alt, ein Greis für damalige Verhältnisse, doch von seinen fünf Söhnen überleben nur zwei, die zu diesen Tagen unbedeutenden Töchter müssen wir vernachlässigen. Der erste Sohn, Otto Ludwig, wird nur 27 Jahre alt und hinterlässt keine Kinder. Sein Bruder Johann Friedrich stirbt mit 36 Jahren 1647 zwar auch recht jung, von seinen fünf Kindern überlebt aber ein Sohn. Welch Glück! Auf den Schultern dieses jungen Sprösslings – Casimir war beim Tod seines Vaters erst 8 Jahre alt – lastet das gesamte Erbe der Grafen von Eberstein. Eine erdrückende Verantwortung für einen zarten Knaben. Es muss sich angefühlt haben wie eine mit Edelsteinen verzierte goldene Halskette, die ihn mit ihrem Gewicht stetig nach unten zieht. Seiner Pflichten wohlweislich bewusst, heiratet er bereits mit 21 Jahren, am 6. Mai 1660, Gräfin Maria Eleonora von Nassau-Saarbrücken. Sie residieren im Renaissanceschloss zu Gochsheim. Ende August erfolgt die frohe Botschaft, seine Frau erwartet einen Nachfolger. Die ersten Monate der Schwangerschaft verlaufen ohne Komplikationen, so dass Casimir eine lang geplante Reise in Angriff nehmen kann. Er reitet nach Heidelberg, wo der Kurfürst ihn auf seinem Schloss »beneventiert«, »logirt« und »tractiert«, in heutiger Sprache ausgedrückt: willkommen heißt, unterbringt und bewirtet. Doch Casimir fühlt sich so unpässlich, dass er sich hinlegen muss. Zwei Tage später die Gewissheit: Er ist an Pocken erkrankt. Die für die Erkrankung charakteristischen Bläschen übersäen seinen Körper. Hoch ansteckend, ist der Murgtaler Gast plötzlich eine unerwünschte Persönlichkeit. Der Kurfürst bangt nicht nur um sein Leben, es täte ihm ja »herzlich leidt«, sondern um das des Kurprinzen, denn auch er hat nur einen männlichen Nachfahren, den neunjährigen Karl, ein zudem kränklicher Junge. Der hochansteckende Graf soll in einem verschlossenen Stuhl oder in einer Sänfte in ein Gästehaus übersiedeln und dort in Quarantäne verweilen. Das angebotene Quartier lehnt Casimir ab und lässt sich lieber in das Wirtshaus »Zum Wilden Mann« bringen. Zwei Bedienstete bleiben beim Grafen, der Rest des Trosses reitet nach Hause. Die Isolierung muss Casimir nicht lange ertragen. Am 22. Dezember erliegt er seiner Krankheit und ist »todt erblichen«. Doch eine Bestattung, die seinem Rang alle Ehre macht, scheint schwierig. Die Krankheit war kostspielig, die Überführung des Leichnams ist es auch. Die Ausgaben strapazieren die gräfliche Kasse. Letztendlich kommen die Untertanen für den Transport der Leiche und die Bestattung auf: Es wird einfach eine Sondersteuer erhoben. Alle Blicke wenden sich nun auf den runden Bauch der Gräfin, in ihm trägt sie die gesamte Hoffnung des Grafengeschlechts. Endlich ist es so weit. Während am 20. Mai 1601 Albertina Sophia Esther das Licht der Welt erblickt, wird es dunkel um die Ebersteiner. Ohne männlichen Nachfahren erlischt das Geschlecht, das Erbe wird aufgeteilt.

Was zudem überliefert ist

Es sind lediglich Vermutungen, allenfalls Erinnerungsfetzen, die vom Wind verstreut werden … Ein Schatz in Form von Champagnerflaschen soll einst während des Ersten Weltkriegs unter dem Denkmal vergraben worden sein. Gefunden wurde er nicht.

Der Toter-Mann-Stein

Von alters her der Todte mann, werd ich von der statt Ettlingen gnand.

Ein Skelett, das in der Hand eine Sanduhr trägt. Ein ungewöhnliches Motiv für einen Grenzstein. Er steht mitten im Wald von Schöllbronn und trägt die Jahreszahl 1570. Bei dem Denkmal handelt es sich um eine Reproduktion, das Original ist im Museum der Stadt Ettlingen zu bewundern.

Im Jahre 1349 war das größte Sterben, das je gewesen, es ging von einem Ende der Welt bis zum anderen, diesseits und jenseits des Meeres.

(Straßburger Chronik)

Der schwarze Tod holt viele, Alte wie Junge, Arme wie Reiche, Bauern wie Edelleute. Seine dunklen Tentakel breiten sich wie ein Netz über Europa aus und verschlingen gierig seine Menschen. Dabei handelt es sich nicht um eine große Pestwelle, sondern um unvorhersehbare und wiederkehrende Ausbrüche, die ganze Regionen in Atem halten. Launenhafte Kapriolen, die die Bevölkerung regelmäßig in Angst und Schrecken versetzen.

Allein zwischen 1349 und 1427 wird Straßburg von zwölf Seuchen heimgesucht, während in einem ähnlichen Zeitraum in Heidelberg dreizehn Ausbrüche wüten. Manche Epidemien dauern einige Monate, andere toben mehrere Jahre. Eine in krisenhaften, unsicheren Zeiten unerklärliche Bedrohung, die tiefe Veränderungen in der Gesellschaft mit sich bringt. Man verdächtigt, beschuldigt und klagt an. Zwischen den Menschen, sogar in den Familien, herrscht ein Misstrauen. Eltern verlassen ihre kranken Kinder oder Männer ihre Frauen. Sündenböcke werden gesucht und gefunden: Man beschuldigt in vielen Orten die Juden. Sie werden gefangen und getötet. Der Grund ist einfach: Was man ihnen schuldet, gilt mit ihrem Tod als beglichen. Wie praktisch für die Landesherren, die ihre Pfandbriefe nicht mehr bezahlen müssen.

Am schlimmsten wütet der schwarze Tod unter den unter beengten Verhältnissen lebenden Armen und Unterernährten. Wer es sich leisten kann, verlässt die Stadt, im Gepäck die krankheitserregenden Flöhe, die so zu der ländlichen Bevölkerung gelangen.

Die Menschen sind den klimatischen Bedingungen völlig ausgeliefert. Schlechte Witterungsverhältnisse bringen Missernten und Teuerungen. Krankheiten und Seuchen, Hunger und Not überziehen als Folge das Land. Das Leben steht still – es sei denn, die Menschen müssen fliehen: vor den Streitigkeiten und Fehden zwischen den Landesherren, vor den regelmäßig wiederkehrenden Überschwemmungen und den wiederholten Bränden, die die Städte heimsuchen. Genau in dieser alptraumhaften Zeit, irgendwann im 15. Jahrhundert, könnte sich die folgende Geschichte ereignet haben.

Die Landschaft ist mindestens so geheimnisvoll wie der Grenzstein

Schöllbronn – 15. Jahrhundert

Seit Tagen läuft er. Der Wald ernährt ihn nur notdürftig, und sein knurrender Magen bestimmt seine Gedanken. Das ist gut so. Nur nicht an das denken, das hinter im liegt. Zu grausam sind die Bilder in seinem Kopf. Doch die Erinnerungen holen ihn immer wieder ein. Er hat alle verloren, die ihm lieb waren: seine Frau, die Kinder; sogar die Jüngste, die kleine Anna, sein kleiner Sonnenschein, ist qualvoll gestorben. Der schwarze Tod hat im Dorf alle genommen, bis auf den Schmied und dessen Familie. Doch der spielt mit dem Feuer. Wer weiß? Am Ende türmten sich vor den Häusern Berge voller Leichen, abgemagert und mit schwarzen Beulen übersät, die Gesichter ohne Leben, grau wie vertrockneter Sauerteig. Es sind nicht nur die Bilder, die in seinem Kopf kreisen. Auch der Geruch hängt ihm in der Nase wie ein Pfropfen. Ein Gestank nach Exkrementen und Fäulnis. Dann ist er gegangen. Es war ja niemand mehr da, um ihn zurückzuhalten, und die Furcht, selber zu erkranken, hat sich ihn mit Haut und Haaren einverleibt. Sein Magen meldet sich wieder, so laut in dieser gespenstischen Stille. Er muss dringend etwas essen, sonst wird ihn die Kraft verlassen. Er spürt, wie die Erde schon nach ihm greift. Die Wurzeln in ihrem Boden sind ihre Arme, die ihn nach unten ziehen wollen, in ein Reich, von dem es kein Zurück gibt. Nein, nur nicht aufgeben! Er zwingt sich weiterzugehen, einen Schritt nach dem anderen, immer weiter. Nur nicht grübeln.

Bevor er sie sehen kann, hört er sie bereits. Geschwätzig zwitschern die Stare und fliegen von der Eiche immer wieder auf die Wiese, wo sie mit ihren Schnäbeln Löcher in die Erde graben und Würmer herausholen. Er beobachtet das Schauspiel eine Weile, bis er sich sicher ist: Es sind Elternpaare, die ihre Jungvögel versorgen. Konzentriert schaut er die Eiche an und sucht mit den Augen die Äste ab. Doch er kann das Nest nicht sehen. Langsam nähert er sich dem wuchtigen Baum. Ganz knorrig ist der Stamm, und die dicken Äste hängen tief herunter. Je mehr er herantritt, umso aufgeregter schreien die Vögel. In der Ferne hört er das Geläut einer Kirchenglocke, die die aufgeschreckten Rufe der Vögel begleitet. Es muss Sonntag sein, Dreifaltigkeitssonntag. Doch so genau weiß er es nicht, seine Aufmerksamkeit gilt dem unsichtbaren Nest, das in unerreichbarer Höhe liegt. Er kann sie schon schmecken, die Jungvögel. Knusprig gebraten sind sie am besten. Wie viele es wohl sind, die da oben, sicher und geborgen, in ihrem Nest hocken?

Außer einem Messer trägt er nichts bei sich. Kein Seil, das ihm das Klettern erleichtern würde. Wieder schwirren die Elternvögel um ihn herum und weg vom Baum, als wollten sie seine Aufmerksamkeit auf sich lenken. Er spuckt in seine knochigen Hände, nimmt Anlauf und springt hoch, doch er ist so entkräftet, dass seine Finger den Ast nicht richtig greifen können und er abrutscht. Seine Augen suchen die Umgebung ab. Vielleicht kann er einen Ast zu Hilfe nehmen. Er findet nichts. Und so nimmt er einen weiteren Anlauf und springt mit aller ihm noch verbleibenden Kraft hoch. Endlich. Er hat es geschafft, den Ast fest zu umklammern. Mit den Füßen arbeitet er sich nun am Stamm nach oben, bis diese den Ast ebenfalls umschließen. Er wartet eine Weile, bis sich sein Atem beruhigt hat. Langsam hievt er sich nach oben und bahnt sich nun einen Weg zwischen dem Geäst der Eiche. Das Nest sieht er immer noch nicht, so dicht ist das Blätterwerk. Doch jetzt hört er die Jungvögel, ihre hungrigen Schreie leiten ihn. Er klettert

Der Toter-Mann-Stein:
ein Skelett als Grenzstein

Gespenstische Augen

bis zur Mitte der Krone, geschmeidig und konzentriert, gleich einer Katze, die ihre Beute anschleicht. Erst jetzt merkt er, dass der Leitast abgebrochen ist. Vermutlich ist ein Blitz eingeschlagen und hat einen tiefen Spalt in den Stamm gegraben. Und genau in dieser Öffnung liegt, geborgen und vor den Blicken geschützt, das Starennest. Er ignoriert die schreienden Eltern, beugt sich in den Spalt und möchte nach den Jungvögeln greifen, als von unten ein lautes Rufen ertönt:

»Was machst du da?«

Überrascht zieht er seinen Oberkörper aus dem Loch und schaut auf den Boden. Ein alter Mann, die Haut gedörrt wie eine in der Sonne getrocknete Zwetschge, schaut ihn aus müden Augen an. Zunächst misstrauisch, möchte er dem Alten nicht antworten. Doch schnell wird

ihm bewusst, dass ihm der Mann seinen Schatz nicht wegnehmen kann.
»Ich heb a Starrenest us. Und jetzt verschwind.«
»Junge, du versündigst dich. Heut isch Dreifaltigkeitssonntag. Lass die Vögel in Ruh.«
»Hau ab!« Von seinem Thron aus spuckt er dem alten Mann vor die Füße, bricht einen Zweig ab und wirft ihn auf den Alten. Schnell hebt dieser zum Schutz seine Hände über den Kopf und eilt davon. Eine Weile schaut er ihm zu, und dann wendet er sich den vier Vögeln zu, die in ihrem weichen Blätterbett ganz ruhig geworden sind, als hätten sie die menschliche Bedrohung und seinen beißenden Hunger wahrgenommen. Er beugt sich in das Loch, streckt den Arm aus und reckt sich. Den Flaum des ersten Vögelchens kann er schon an den Fingern spüren. Mit seinen kleinen Flügelstumpen, kaum größer als ein dürres Zweiglein, versucht das Küken sich zu wehren. Seine Kraft reicht nicht aus, und seine Fluchtversuche sind nur kleine Hüpfer. Doch genug, dass der Mann sich erneut strecken und sich tiefer in das Loch lehnen muss. Plötzlich verliert er das Gleichgewicht und rutscht in die Öffnung des Stamms. Kopfüber landet er im Inneren der Eiche und fällt auf den Boden. Ihr lebendiges Holz ist sein Sarg.

Viele Jahre vergehen, die Starenkinder sind schon längst ausgeflogen. Geschwächt durch den Blitz, haucht die Eiche ihren letzten Lebensatem aus. Ein leichter Wind bringt sie schließlich zu Fall. Übrig bleibt ein kurzer Baumstumpf, in seiner ausgehölten Mitte liegen die Knochen des Vogeldiebes, dürr wie die Knochen eines Vogels.

Der Sage nach geht der Geist des Vogeldiebs seitdem nachts hier um …
Wanderer: »Wo geht der Weg naus?«
Geist: »Da oben hau ich Vögel aus.«
Wanderer: »Ich glaub, du hörst nicht wohl!«
Geist: »Ja, der Baum ist fasshohl.«
Wanderer: »Ich glaub, du bist ein Narr!«
Geist: »Es können drin sein sieben oder acht Star'.«
Wanderer: »Du bist wahrhaftig nicht gescheit!«
Geist: »Ja, das Loch ist ziemlich weit.«

Die Linde – der Baum des Friedens und der Liebe

Wanderer: »Wenn ich dich hunten hätt, wollt ich dich klopfen!«
Geist: »Wenn ich sie haus hätt, wollt ich sie ropfen.«

So das überlieferte Gespräch, das ein Wanderer hier einst mit dem Vogeldieb führte, der in einem Baum saß.

Wo befindet sich das Denkmal?

An der Gemarkungsgrenze von Ettlingen-Spessart und Schöllbronn, in der Nähe von Fischweier. Ungefähr 100 Meter oberhalb der Moosalb, die durch ihr Tal mäandert. Ein schmaler Pfad führt zum Denkmal. Der Toter-Mann-Stein ist gut ausgeschildert.

Was ist überliefert?

Der Grenzstein wurde ausführlich erforscht. Immer wieder wurde gemutmaßt, dass die Bezeichnung »Toter Mann« auf ein verlassenes Bergwerk hindeuten soll. Doch trotz Recherchen konnte man auf der Gemarkung keinen Abbau von Erzen feststellen. Was ebenfalls gegen die Bergwerkstheorie spricht, ist der Wandel der Sprache: Erst im 19. Jahrhundert tritt der Begriff »Toter Mann« für einen verlassenen beziehungsweise fundleeren Stollen auf. Bis dahin war die Bezeichnung »Alter Mann« üblich. Wahrscheinlicher ist also die These, dass es sich bei dem Grenzstein um die Markierung eines Leichenfundorts handelt. Ein unbekannter Mann ist an dieser Stelle tot aufgefunden worden. Vielleicht handelte es sich um einen Pilzsammler oder einen Jäger? Oder einen Sterbenskranken? Bereits 1461 wird der Ort in der Grenzbeschreibung des Lagerbuchs der Stadt Ettlingen als »Toter Mann« aufgeführt.

Der später aufgestellte Grenzstein diente zur Orientierung in einer Zeit, in der Menschen nicht lesen konnten und Landkarten nicht vorhanden waren. Hätte ein Tötungsdelikt stattgefunden, wären der Täter oder seine Familie zur Aufstellung eines Sühnekreuzes verpflichtet gewesen, ein gängiger Brauch in diesen Zeiten.

Die Sage, ein Vogeldieb habe hier seinen letzten Atemzug ausgehaucht, hält sich seit vielen Jahrhunderten. In einigen Überlieferungen sind es vier, manchmal sieben Starenkinder. Gemein ist den Geschichten, dass sie behaupten, an diesem geheimnisvollen Ort spuke es seitdem.

In der Nähe

Ein doppelt so altes Naturdenkmal ist im Nachbarort Schluttenbach zu bewundern. Die Linde soll über 1000 Jahre alt sein. Trotz des angegebenen Pflanzjahres 937 sieht sie vital aus. Viele junge Seitentriebe schießen aus ihrem Stamm. Ihr Greisenalter ist jedoch nicht eindeutig bewiesen. Der Baumveteran könnte jüngeren Datums sein. Sein mächtiger Stamm ist innen hohl. Angenommen, man würde sich in das Loch hineinbeugen, angenommen man würde das Gleichgewicht verlieren und hinunterrutschen, aus eigener Kraft könnte man sich nicht befreien. Und auf einmal scheint die Geschichte vom »Toten Mann« gar nicht so abwegig.

Die Kreuze in Vierundzwanzig Höfe – 15. Jahrhundert

Eine Geschichte von großer Hungersnot erzählt ein Sandsteinkreuz aus dem 15. Jahrhundert in Vierundzwanzig Höfe. Der Name der heute zu Loßburg gehörenden früheren Gemeinde ist schon recht ungewöhnlich. Fügt man dann noch die Flurnamen Blutacker und Streitwasen hinzu, bei denen das Kreuz steht, so ist unsere Fantasie beflügelt, sich schlimmste Alpträume vorzustellen. Blut und Streit, Krankheit und Krieg, Hunger und Tod, die Geißeln der Menschheit, konzentriert in Europas härtestem Jahrzehnt.

Zwei Männer sollen sich während einer großen Hungersnot wegen einer Maus gegenseitig erstochen haben! Das erscheint heute unvorstellbar. Und doch könnte sich die überlieferte Sage so ereignet haben. Die Schreckensdekade nahm ihren Lauf im Jahr 1431 mit einem nicht enden wollenden Winter, auf den ein regenreicher Sommer folgte – in Zeiten, in denen die Bevorratung schwierig war und die Menschen von der Hand in den Mund lebten. In den darauffolgenden Jahren wiederholte sich dieses Szenario an Klimagrausamkeiten. Lange Wintermonate, die das Leben und das Wachstum zum Stillstand brachten. Die Wintersaat erfror, die Frühjahrssaat konnte erst spät ausgebracht werden. Mehrfach erstarrten in diesem Jahrzehnt die Flüsse zu Eis, sogar große Lebensadern wie der Rhein und die Donau. Mit dem ersehnten Frühling stiegen die Temperaturen an, und das Schmelzwasser trat über die Ufer. Große Flutwellen vernichteten das Wenige, das die Menschen hatten. Der langanhaltende Regen in der warmen Jahreszeit ließ dann das Getreide verfaulen und die Früchte verrotten. Auch das Vieh verendete oder musste notgeschlachtet werden. Die Katastrophe nahm ihren Lauf: Die Lebensmittelpreise vervielfältigten sich, und die Menschen litten Hunger. Not macht erfinderisch, so wurden unter anderem Baumrinde und Gras zu Brot verarbeitet. Die Menschen waren geschwächt, der perfekte Nährboden für Seuchen. Die Erreger hatten ein leichtes Spiel und schlichen sich in alle Ecken der Region. Und so kam die Pest und raffte die Menschen dahin, die noch nicht an der großen Hungersnot gestorben waren. Sie starben wie die Fliegen. Die Abwärtsspirale war entfesselt: Plünderungen waren an der Tagesordnung, Kriege brachen aus, Minderheiten wurden beschuldigt und Menschen getötet. Auf einmal erscheint es gar nicht mehr so abwegig, dass zwei Männer sich wegen einer Maus erstochen haben sollen.

Wo befindet sich das Denkmal?

Das Steinkreuz steht in der kleinen Ortschaft Oberweiler. Von Loßburg fährt man auf der L 408 Richtung Vierundzwanzig Höfe, nach der Ortschaft biegt man rechts Richtung Oberweiler ab. Das Denkmal steht am Straßenrand, bewacht von einer Birke. Eine Bank lädt ein, sich in das Leben der Menschen zu versetzen, die in grauenhaften Zeiten lebten.

In Vierundzwanzig Höfe steht ein weiteres markantes Steinkreuz aus dem 15. Jahrhundert. Es trägt den Namen Bärenkreuz oder Schwegler-Kreuz. Es stammt von 1539 und ist die Kopie eines Originals, das einer Urkunde nach im 15. Jahrhundert erstellt worden ist. Plastisch ausgearbeitet, sind die Darstellungen noch heute gut erkennbar. Auf der Vorderseite ist ein Jäger mit einem Speer und seinem Hund abgebildet.

Das Steinkreuz
in Oberweiler: die
Geschichte einer
großen Hungersnot

Das Bärenkreuz:
ein tragischer Unfall

Die Rückseite soll einen Bären zeigen, der von einem Hund verfolgt wird. Wenn dem so ist, dann handelt es sich um einen hungernden Bären. Die anderen möglichen Interpretationen, ein Hirsch oder ein Wildschwein, erscheinen glaubwürdiger. Vielleicht hängt die Vermutung, dass es sich um einen Bären handelt, mit dem Namen »Bärenwäldchen« der Flur zusammen, auf der sich das Kreuz befindet.

Die Sage erzählt, dass ein Bär an einem nebligen Morgen einen Bauern überfiel. Der wehrte sich und verletzte das Tier tödlich. In einem letzten Aufbäumen stellte sich der Bär auf und fiel auf den Mann. In seinem Todessturz erdrückte der Braunpelz den Bauern und seinen Hund. Eine andere Überlieferung besagt, dass ein Metzger in Begleitung seines Hundes ein Kalb heimführte. Er hatte das Tier auf dem Markt erstanden. Er wurde von einem Bären angegriffen und mitsamt seinem Hund und seinem neu erworbenen Tier getötet.

Heute können wir nicht sagen, was sich vor über 500 Jahren an Ort und Stelle ereignet hat. Allzu viele Braunbären hat es zu dieser Zeit nicht mehr gegeben. Zurückgedrängt, verfolgt und gejagt – der letzte Braunbär des Schwarzwalds soll bereits im Jahre 1585 erschossen worden sein. Und wenn wir schon auf das Spiel der Vermutungen eingehen: Mehrfach wird in den Überlieferungen erwähnt, dass es ein nebliger Tag war. Eine Nebeldecke breitet sich aus, wenn im Herbst die Tage bereits kurz und die Nächte wieder deutlich kälter sind. Eine Zeit, in der die Bären in ihren Höhlen ruhen. Vielleicht markiert das Kreuz einen Jagdunfall? Das Geheimnis bleibt im Verborgenen der Jahrhunderte.

Das Bärenkreuz bei Loßburg

Seltsam Kreuz, du kündest und schweigst,
nennst Namen und Zeit nicht,
Kämpfer zeigst du und Kampf, Sieger,
die sterbend gesiegt.
Kreuz, du kündest den, der sterbend
die Welt überwunden!
Flieh nur, Leben, im Kampf, Leben
erkämpfst du dir!

(Friedrich Hertlein, 1904)

Wo befindet sich das Denkmal?

Das 500 Jahre alte Steinkreuz steht an markanter Stelle, südlich von Loßburg an der L 408, Richtung Vierundzwanzig Höfe. Man kann man über die Fertigkeit des Bildhauers nur staunen, so plastisch sind die Darstellungen.

Das Kreuz von
Michel und Johannes

Die Hotzenwälder Michel, Johannes und Jakob

Woher es aber kommet, dass die Grafschaft Hauenstein mit Unterthanen übersetzt ist, mag leicht zu erachten seyn, weil sie ihre eigenthümlichen Höf' und Güter in die kleinsten Theil' vertheilen und zerstücklen, also zwar, dass bisweilen in einem Häusl zwey und mehrere Hausgesessene sich befinden, wodurch sie sich ungemein vermehren und daher einander selbsten überlästig machen.

(Der vorderösterreichische Beamte Maldoner im 18. Jahrhundert über die Grafschaft Hauenstein – frühere Bezeichnung für den Hotzenwald)

Der badische Oberamtmann Salzer schrieb 1752: »Die Einwohner vermehren sich täglich. Die Güther werden verstückert, folglich die Nahrung schwächer ... Aus reichen Bauern werden mittelmäßige Bürger. Diese verwandeln sich in Taglöhner. Und wer gibt hernach der letzteren Gattung zu schaffen?«

Ein frostiger Wind, der pfeifend auf den Hochebenen bläst und den meterhohen Schnee auf den waldfreien Flächen aufwirbelt. Auf den Höhenlagen des Hotzenwalds herrschen harsche Bedingungen. Die Menschen sind arm und leben mehr schlecht als recht von der Landwirtschaft, die ihre Familien längst nicht mehr ernährt. Entgegen der sonst üblichen Erbgewohnheit, ein Hofgut als Ganzes auf die nächste Generation zu übertragen, werden im Hotzenwald die Güter zwischen den vielen Erben aufgeteilt. Die Höfe sind zerstückelt und bringen auf den kargen Hochflächen nur wenig Ertrag. Die Bauern arbeiten im Nebenerwerb als Taglöhner, Waldarbeiter, Fuhrleute oder in der aufkommenden Heimarbeit.

Im Dezember 1749 fanden sich drei Männer mit ihren Pferden auf den Heimweg nach Segeten. Woher sie kamen, ist nicht belegt. Einzig ihr Tod durch Erfrieren ist dokumentiert. Zwei Kilometer von ihrem Zielort entfernt fand man ihre Leichen.

Der erste Tag im December brachte Sturm aus Norden mit Hagel, Schnee und Regen, hernach war es drey Tage stille und sehr gelinde, den 6ten und 7ten wehete ein großer Sturm aus Westen mit häufigem Regen, nach welchem fünf Tage lang ein dicker Schnee fiel, doch vergieng er bald darauf wieder, und es blieb hernach sehr unbeständig, mit Regen, Schnee und Frost abwechselnd.

Östlich von Strittmatt – 8. Dezember 1749

In der kleinen Stube ist es schön warm. Draußen zischt der eisige Wind sein Lied. In regelmäßigen Abständen durchschütteln Böen das kleine Taglöhnerhäuschen. Von der Arbeit im Wald fühlt sich Johan-

Jakobs Kreuz steht links

CLAVS

nes noch ganz benommen. Den ganzen Tag haben sie draußen verbracht, wo sich der Himmel mit seiner Schneelast schwer über sie gebeugt hatte und sie zu erdrücken schien. Es hatte aufgehört zu schneien. Dafür hatte der Wind eingesetzt. Seit einer halben Stunde sitzen sie nun beisammen. So langsam sticheln seine Finger, und er weiß, das Leben wird in seine Extremitäten zurückkehren. Er möchte den Aufbruch so lang wie möglich verschieben, zu verlockend ist die Wärme des Kachelofens. Auf der Sitzbank entlang des Ofens haben der Vater und der Bauer, dem sie heute ausgeholfen haben, Platz genommen. Johannes sitzt ihnen gegenüber auf einem Stuhl, neben ihm ihr Nachbar Jakob. Alle trinken in kleinen Schlückchen den selbstgebrannten Schnaps, der ihre Lebensgeister langsam wieder weckt. Vielleicht kann er den Vater ermuntern, noch eine Geschichte zu erzählen, von früher, damit er noch eine Weile die Behaglichkeit der Stube spüren kann.

»Vater, wie war das nochmal mit Hans Albiez? Du hast ihn doch kennengelernt.«

Der Vater reckt sich und lehnt seinen Rücken an den Kachelofen. Er nimmt die kalte Pfeife, die in seinem Mundwinkel hängt, in die Hand.

»Das waren Zeiten! Bei den ersten Salpeterunruhen war ich noch ein junger Mann. Hitzig im Blut. Doch wir Hotzenwälder sind nun mal ein selbstbewusstes Volk. Angefangen hat alles in 1720. Der Abt des Klosters in Sankt Blasien wollte unsere Rechte anfechten. Seit dem Mittelalter durften wir uns selbst verwalten. Nun sollten wir auf einmal alle zu Leibeigenen werden. Der Hans Albiez, ein von uns bestimmter Redmann, war Salpeterer. In den Viehställen kratzte er das Salz von den Urinrückständen ab. So kam er viel herum und kannte Gott und die Welt.«

Der Vater nahm einen kleinen Schluck von seinem Schnaps, bevor er fortfuhr:

»Nun ja, der Albiez hat sich für unsere Rechte eingesetzt und wurde Anführer der Bewegung. Er ist sogar nach Wien zum Kaiser gereist, um gegen die Pläne der Mönche zu protestieren. Von dort ist er nach Freiburg, wo er ins Gefängnis gesperrt wurde und schließlich verstarb. Seine Anhänger, die ›Unruhigen‹, glaubten nicht an einen natürlichen Tod.«

Der Vater unterbrach seine Erzählung und schaute den Bauer an, der neben ihm saß.

»Du hast das doch auch alles mitbekommen?«

Sein Gegenüber nickte nur grimmig.

»Vater, was ist dann passiert?« Johannes liebte diese Geschichten. Auch wenn er sie bereits oft gehört hatte.

»1727 verlangte der neue Abt einen Huldigungsakt von seinen Untertanen. Da kam es zum offenen Widerstand. Als Antwort schickten die Vorderösterreicher eine 900 Mann starke Armee, und die Anführer der ›Unruhigen‹ wurden gefangen genommen. Viele wurden verbannt oder mussten Zwangsarbeit leisten. Beruhigt hat sich die Lage nicht. Es kam immer wieder zu Ausbrüchen des Widerstands, bei denen die Salpeterer Rückhalt von der Bevölkerung verlangten, um ihre Freiheit einzufordern. Doch die der Obrigkeit Treuen, die ›Ruhigen‹, verweigerten die Rebellion. Zwischen den verhärteten Seiten tat sich ein tiefer Spalt auf. Die ›Unruhigen‹ drangsalierten die ›Ruhigen‹. Es war wie im Bürgerkrieg.«

»Auf welcher Seite warst du, Vater?«

»Ich bin nur ein einfacher Bauer und wollte meine Ruhe. Schließlich musste ich meine Familie ernähren. Bei jedem Ausbruch wurden Rädelsführer festgenommen, zum Tode verurteilt und ihr Vermögen konfisziert. 1739 zum Beispiel wurden einige Anführer enthauptet, der Rest nach Ungarn zum Militärdienst geschickt. Von denen hat man auch nie wie-

Die Informationstafel dient als Orientierung – vom Waldweg aus ist sie zu erkennen

der etwas gehört. Das war mir alles viel zu riskant. Obwohl ich das Ansinnen der Salpeterer verstand, habe ich mich ruhig verhalten und meine Arbeit verrichtet.«
Der Vater nimmt einen letzten Schluck und setzt sein Schnapsglas ab. Dann stopft er seine Pfeife in seinen Tschobe.
»Wir müssen jetzt los. Es dämmert schon.«
»Du hast noch gar nicht vom letzten Aufstand in Waldshut erzählt!«, protestiert Johannes. Missmutig schaut er aus dem Fenster.
»Wir können nicht länger warten. Der Sturm hat sich verstärkt. Los jetzt!«
Bis auf den Bauer stehen die Männer der Reihe nach auf und werfen sich ihre Umhänge über. Kurz nickt der Vater ihrem Gastgeber zu und geht zur Eingangstür, gefolgt von ihrem Nachbarn Jakob und Johannes. Mit aller Kraft stemmt sich der Vater gegen die Tür, die der Wind zudrückt. Kaum hat er sie einen Spaltbreit geöffnet, wirbelt sie auf und knallt laut gegen die Hauswand. Eine kalte Schneewolke weht ihnen entgegen und peitscht in ihre Gesichter.
»Schnell, beeilt euch! Wir holen die Pferde aus dem Stall. Wir haben es ja nicht weit.« Der Vater brüllt, um sich gegen die Naturgewalten Gehör zu verschaffen. Unerbittlich fegt ihnen der stärker werdende Wind die Schneemassen entgegen und bringt sie zum Schwanken. Sie laufen gebeugt, doch Tausende kleine Eisteufel durchdringen ihre Umhänge. Die Landschaft verändert sich ständig. Es braucht nicht lang, und Johannes hat in den endlosen weißen Wellen die Orientierung verloren. Wie lange sie bereits laufen, kann er nicht sagen. Sein Zeitgefühl ist abhandengekommen, genauso wenig spürt er seine Finger und Zehen. An seiner Nase hat sich ein langer Eiskristall gebildet. Willenlos stapft er dem Vater hinterher, sein Blick starr auf den Pferdehintern fixiert. Ob Jakob hinter ihm läuft, kann er nicht sagen. Ihm fehlt die Kraft, sich umzudrehen. Er fängt an zu zittern und fühlt sich unendlich müde, als hätte sich ein Gesteinsbrocken auf seine Schultern gelegt. Bewegt er sich überhaupt? Steht der Vater noch vor ihm? Er weiß es nicht, und es ist ihm plötzlich egal. Erschöpft möchte er sich nur noch hinlegen, in den weißen Schnee, der ihn zu rufen scheint, mit einer süßen Stimme aus einer anderen Welt. Johannes fällt auf seine Knie. Bevor er mit seinem Oberkörper nach vorne kippt, meint er eine Lache aus Blut zu erkennen. Rot und Weiß, zwei Farben, die in seinen Augen flimmern, als sein Herz aufhört zu schlagen und das Schwarz ihn vollkommen einnimmt.

Was ist überliefert?

Michel Zipfel, 56 Jahre alt, sein Sohn Johannes und Jakob Frommherz, 48 Jahre alt, alle drei wohnhaft in Segeten, sind am 8. Dezember 1749 in einem Schneesturm ums Leben gekommen. Vater und Sohn wurden zuerst aufgefunden und beerdigt. Den Leichnam von Jakob Frommherz konnte man erst nach der Schneeschmelze am 24. Februar 1750 bergen. Das große Kreuz wurde für Michel und Johannes aufgestellt, das kleinere für Jakob.

Laut einer Überlieferung sollen die Heimkehrer ihre Pferde erschlagen, ausgeschabt und in die Bauchhöhlen der Tiere gekrochen sein. Erfroren sind sie dennoch, nur wenige Kilometer von daheim.

Charakteristisch für den Hotzenwald sind die weiten Hochflächen mit Vernässung und Moorbildung, auf denen im Herbst die Nebelschleier wie Gespenster aufziehen und die Landschaft ins Märchenhafte tauchen. Im Winter fegt mitunter ein kalter Wind, und die

Gegend zittert unter den scharfen Frösten. Doch der Hotzenwald zeigt auch oft ein ganz anderes Gesicht: Während die sich öffnenden Schluchten zum Hochrhein hin unter einer grauen Decke versinken, scheint die Sonne über den weiten Flächen und strahlt bis zu den verschneiten Spitzen der Alpen. Eine Idylle in Blau und Weiß.

Wo befinden sich die Denkmale?

Die Kreuze stehen versteckt in einem Wald bei Görwihl. Ein Polster aus Moos und Flechten hat sie umkleidet. Von Engelschwand kommend und in Richtung Strittmatt fahrend, befinden sich die Denkmale auf der Gemarkung »Bei den Kreuzen«.

Der Hotzenwald

Das Bischofskreuz

Dieses Kreuz wurde errichtet zur Sühne für den Tod des Bischofs von Straßburg, Konrad von Lichtenberg. Er fiel im Kampf gegen die Stadt durch die Hand eines Freiburger Metzgers am 29. Juli 1299. Zur Erhaltung seines ehemaligen Zustandes neu gefaßt durch die Stadt Freiburg i. J. 1903.

Der Kontrast könnte nicht größer sein. Eines der ältesten Kreuze des Schwarzwalds steht wohlbehütet in einem modernen Kirchenklotz. Die katholische Kirche Sankt Albert bewahrt in der Mitte des Umgangs das originale Denkmal aus dem Jahre 1299. An seinem ehemaligen Standort vor dem Gotteshaus, wo es Wind und Wetter ausgesetzt war, steht nun eine Kopie. Von dort sieht man auf

den ganz in Beton gehaltenen kronenförmigen Rundbau der Kirche. Auf dem Dach thront ein Kreuz, einen Kirchturm hingegen sucht man vergeblich. Anstelle dessen wurde ein Kindergarten für die vielen Familien errichtet, die sich zur Zeit des Kirchenbaus im Jahr 1969 an der Bischofslinde niederließen. Das auf den ersten Blick kalt erscheinende Gotteshaus überrascht in seinem Inneren mit einem lichtdurchfluteten hohen Raum. Abertausende blau funkelnde Gläser ziehen unseren Blick in himmlische Höhen. Hier können wir spüren, was sich zu Zeiten des Freiburger Münsterbaus zugetragen hat.

Die moderne Kirche am Bischofskreuz

Das Bischofskreuz: das Original – unscheinbar und doch so geschichtsträchtig

Freiburg – Juli 1299

Wir leben in extremen Zeiten. Seit einigen Wochen belagert uns unser Stadtherr, der Graf Egino II. Zu seiner Verstärkung hat er sich einen schlagkräftigen Verbündeten geholt: seinen Schwager Konrad von Lichtenberg, Bischof von Straßburg, der mit seinem eigenen Heer bei den Dörfern Lehen und Betzenhausen aufgezogen sein soll. Die Geldbörse des Grafen ist mal wieder leer, und wir sollen sie füllen. Doch diesmal reicht es uns! Noch nie hat es in der Bevölkerung solch einen Unmut gegeben, und ich kann mir nicht vorstellen, dass sich in der Geschichte nochmals ein solcher Groll zusammenbrauen wird. Die Wut der Menschen ist fühlbar. Sie hat sich in allen Gassen der Stadt ausgebreitet und in jeden noch so kleinen Winkel eingenistet. Ein dunkler Himmel voller Spannung. Ein Funke reicht, und der Zorn der Bewohner wird sich entladen. Es wird zum Krieg gegen Egino kommen! Bürger gegen Grafen, Stadt gegen Burg.

Wie hat alles angefangen? Das weiß niemand mehr so genau. Über Jahrzehnte hinweg hat sich unsere Bitterkeit aufgestaut. Große politische Entscheidungen wurden immer wieder über unsere Köpfe hinweg getroffen und unsere hart erkämpften Rechte regelmäßig angefochten. Hinzu kommen die vielen Fehden und Kleinkriege, die grauenhafte Summen verschlingen. Und wer zahlt am Ende die Zeche? Wir, die freien Bürger der schönen Stadt Freiburg! Eine himmelschreiende Ungerechtigkeit, wenn ihr mich fragt. Das war schon immer so: Der kleine Mann badet aus, was der Adlige verbockt oder verbrät. Doch das, was sich in den letzten Wochen hier auf den Gassen abgespielt hat, ist wahrlich ungeheuerlich und bringt das Fass zum Überlaufen. Damit sich der Mantel des Vergessens niemals über das Leid der einfachen Bürger ausbreitet, möchte ich euch die Ereignisse grob skizzieren.

Freiburg – die freie Burg – eine Siedlung mit einem symbolträchtigen Namen. Die Stadt ist noch keine 200 Jahre alt, doch sie hat es bereits zu erheblichem Reichtum gebracht. Nicht allein der Silberbergbau, wie es so oft erzählt wird, hat uns Bürgern Prosperität geschenkt, sondern unser Schweiß. Wir Freiburger sind hart arbeitende Menschen und zu vielen Opfern bereit. Obendrein sind wir erfinderisch und kaufmännisch versiert. Unsere Stadt liegt an einem wichtigen Verkehrsknotenpunkt. Zwischen Breisach und dem Wagensteigtal nach Schwaben und zwischen der Ortenau und Basel gelegen, ist Freiburg ein idealer Handelsplatz. Als Residenzstadt der Grafen von Freiburg bietet die Präsenz der Edlen auch einen gewissen Schutz auf den Handelstrassen – das muss man ihnen lassen. Doch da sind wir schon beim größten aller Übel: dem verschwendungssüchtigen und gierigen Freiburger Grafen Egino II. mit seinem nimmersatten Hofstaat. Er und seine Fidelen verschlingen Unsummen. Auf ihn komme ich noch später zurück.

In wenigen Jahrzehnten ist Freiburgs Einwohnerzahl auf 9.000 angestiegen, ein Ameisenhaufen emsiger Arbeiter. Die Stadt zieht Menschen magisch an, die hinter den dicken Mauern Lohn und Schutz suchen, denn in unserem schönen Land herrschen Faustrecht und Raub, Fehde und Gesetzlosigkeit. Haus an Haus, ganze Straßenzeilen entlang – im Verteidigungsfall stehen viele tatkräftige und mutige Männer zur Verfügung. Und so haben sich viele hier angesiedelt, ehrbare und rechtschaffene Leut, die fleißig arbeiten. Nicht nur reiche Kaufleute, auch viele Handwerker, wie ich es bin. Oder Unfreie. Wer immer es schafft, ein Jahr und

Dieses Kreuz wurde err
des Bischofs von Strass
Er fiel hier im Kampfe
eines Freiburger
Zur Erhaltung seines ehem
die Stadt

t zur Sühne für den Tod
Konrad von Lichtenberg·
die Stadt durch die Hand
rs am 29· Juli 1299·
Zustandes neu gefaßt durch
g i·J·1903·

einen Tag in der Stadt zu leben, ohne dass ein Vogt oder ein Leibherr ihn verlangt, ist frei. Eine Mark unverpfändetes Eigentum genügt, um Bürger zu werden. Auch Dirnen, fahrendes Volk und zwielichtiges Pack halten sich innerhalb der dicken Mauern auf. Doch im Großen und Ganzen leben hier viele Menschen, die mit harter und ehrlicher Arbeit ihr Auskommen sichern. Überall wird gezimmert, gesägt und gehämmert. Schwer Schaffende, deren Geldbörsen gut gefüllt und die hungrig sind. Das sind gute Voraussetzungen für mich als Metzger.

Seit knapp einhundert Jahren finanzieren wir, die stolzen Bürger der Stadt, den schönsten Kirchenbau auf Erden. Ein Münster mit einem gewölbten Gotteshaus und schlanken Linien, das unsere Herzen himmelwärts lenken wird. Der Turmbau mit dem kühnen Plan einer Überleitung von einem Quadrat in ein Achteck hat schon begonnen. Vor einigen Jahren wurde der Glockenstuhl aufgerichtet, und die Hosannaglocke kann endlich ertönen und unsere Seelen berühren. Mit ihrem gigantischen Ausmaß ist sie ein Wunderwerk der Glockengießerkunst. Ganze drei Ochsen wiegt sie! Ihre Inschrift kann uns nur hoffen lassen: »O Rex Gloriae veni cum pace – O König der Herrlichkeit, bring uns Frieden.« Die zweite Glocke, die Predigerglocke, hängt ebenfalls. Mit einem hölzernen Tretrad hat man sie in die Lüfte gehievt – stelle sich das mal einer vor! Neben den Zimmerleuten arbeiten viele andere Gewerke am Bau des Münsters. Unsere Bildhauer zum Beispiel zaubern mit ihren Eisen feinste Ziselierungen in den harten Stein und halten für uns die biblische Geschichte fest. Figuren, die unter ihren geschickten Händen zum Leben erwachen, denn wir einfachen Leut können nicht lesen wie die schlauen Geistlichen und piekfeinen Edlen. Doch die profitieren nur! Den Kirchenbau erschaffen wir, mit unserem Geld, mit unserem Blut, zu Ehren Gottes. Verzeiht, ich schweife ab!

Lasst uns zum eigentlichen Thema zurückkehren – unserem unbändigen Groll. Weit zurück reichen die Zerwürfnisse und Streitigkeiten zwischen den Adligen und den rechtschaffenen Bürgern der Stadt. Immer wieder mussten wir hart für unsere Rechte kämpfen. Lange Zeit gab es nur adlige Rathsmannen, die die Geschicke der Stadt bestimmten, so wie es ihnen dunket. Dieser auf Lebenszeit willkürlich handelnde Vierundzwanzigerrat wählte auch den Schultheißen, der natürlich in ihrem Sinne richtete. Eine Vetterleswirtschaft, eng verwoben mit dem Geschlecht der Grafen. Alles eine Blutwurst! Erst nach vielen Protesten und natürlich den damit einhergehenden großzügigen Zahlungen wurde der Rat 1248 um Kaufleute und Handwerker erweitert. Das wurde auch Zeit!

Seit 1271 regiert in Freiburg Graf Egino II., Trotz, Übermut, Verschwendungslust und Streitsucht zeichnen ihn aus. Immer wieder gerät er mit den Königen unserer Zeit in Zwist über das ihm zustehende Erbe, die Zähringer Burg. Die Rechnung zahlen wir: Die Belagerungen und Kämpfe fordern einen hohen Tribut, die Zerstörungen und Reparationszahlungen beuten uns aus. Mir ist das gleichgültig, wem die Burg zusteht! Egino zerstörte sie 1278 sogar aus Rachelust. Erneut zahlten wir Eginos Sühneschuld. Der Wiederaufbau der Burg und des beschädigten Klosters Adelhausen in dem Dorf Wiehre ging zu unseren Lasten. Wieder wurden wir wie eine Wurst ausgepresst, bis nur noch die schlaffen Gedärme übrig waren – als Metzger kenne ich mich aus! Ganze zehn Jahre haben wir uns verbürgt, für die Sühnezahlungen des

Das Bischofskreuz: die Kopie im Außenbereich

Grafenhauses aufzukommen. Doch kurz vor Ablauf des Vertrages forderte Egino weitere horrende Summen. Wir haben uns geweigert, und da hat der Grafenlump versucht, unser schönes Freiburg zu erstürmen. Doch wir halten seinen Angriffen stand. Zunftmäßig haben wir uns organisiert und verteidigen unsere stolze Stadt. Seit Wochen herrschen barbarische Zustände und Straßenkämpfe. Zahlreiche tapfere Freiburger wurden aufgespießt und getötet. Nun geht das Gerücht herum, dass der Bischof von Straßburg seinem Schwager Graf Egino zu Hilfe geeilt ist. Vor den Toren der Stadt soll er sich mit einem starken Heer aufgestellt haben und dem bisher erfolglosen Grafen bei der Erstürmung Freiburgs helfen. Der Geistliche sollte lieber seine Schäfchen im Straßburger Münster zählen, als sich unseren erhitzten Gemütern gegenüberzustellen. Alle furchtlosen Männer sollen sich am Oberlindenplatz einfinden. Von dort werden wir gemeinsam nach Betzenhausen ziehen und dem Bischof eine Höllenangst einjagen. Der soll sich verziehen, der Lumpenhund. Angst habe ich keine. Und der Anblick von Blut und Gedärmen schreckt mich nicht. Als Metzger weiß ich, was Schlachten bedeutet. Mein Messer ist frisch gewetzt.

Was ist überliefert?

Dem Freiburger Metzger Hauri sei es gelungen, den noch nicht zum Kampf gerüsteten Bischof rücklings zu erstechen, dabei soll er selber das Leben verloren haben. Die Überlieferung von dem tötenden Handwerker hält sich hartnäckig, dabei ist sie historisch nicht belegt. Gab es wirklich einen Metzger Hauri? *Hau-ri*, oder *Hau-druf*, ein Dialekt-Schlachtruf für »Hau rein«, verbunden mit einem blutigen Gewerbe, das sich mit dem Schlachten auskennt. Diese Überlieferung erscheint zu einfach gestrickt und ist daher mehr als fraglich. Festgehalten ist, dass der Geistliche wenige Tage später seinen Verletzungen in Straßburg erlag. An der Stelle, wo der Bischof fiel, wurde ein Steinkreuz errichtet.

Im September 1299 wurde zwischen den Parteien ein Waffenstillstand geschlossen. In einem Sühnevertrag verpflichtete sich die Stadt gegenüber dem Grafen zu erheblichen jährlichen Zahlungen – mal wieder! Im Gegenzug konnten die Freiburger wichtige Vorteile erzielen, unter anderem durfte der Rat fortan den Bürgermeister wählen.

Das Bischofskreuz bei Lehen – Eine poetische Sage

Auf! auf! zu den Waffen gegriffen!
Das blanke Schwert erfasst!
Die Lanze fest geschwungen!
Gerüstet ohne Rast! –
Gen Lehen hin! Gen Lehen!
Dort steht der feindlich' Troß;
Inmitten strahlt der Bischof
auf blütheweißem Roß!

Da holte jeder Waffen,
wie er sie eben braucht.
Der faßt des Schwertes Habe,
das in die Scheid' er staucht;
Der schwingt den Schaft der Lanze;
der legt um das Haupt den Hut;
Der hebt sich auf sein Rösslein;
der trinkt sich Mannesmuth.

Und zu den Thoren ziehen
die Schaaren alle aus.
Wohl fliegen über die Haide
die Rosse wie Windesgesaus;
Und Hörner blasen lustig,

und Männer rufen laut,
Und Säbeln klirren knirschend; –
das Land ist roth betauht.

Wer stürzt dort aus der Metzig?
Wer schwinget dort das Beil,
Der noch vom Blute rauchet?
Das ist doch keinem zum Heil?
Ueber's Blachfeld springt er spähend.
Wen sucht seines Auges Strahl?
Wer ist der Auserwählte?
Wen trifft der rothe Stahl?

Den Bischof auf dem Gaule,
den hat das Beil erreicht.
Seht, wie er wanket und schwanket!
O seht, wie er erbleicht!
Das Beil beißt gar so grimmig;
es frisst so tief und schnell;
Es rinnet aus dem Harnisch
des Blutes rother Quell.

Er stürzet von dem Gaule;
verronnen ist das Blut.
Zu tief ging des Mordbeils
Nagen und seines Bisses Wuth.
Erschlagen liegt der Bischof
von Straßburg an dem Rhein,
Erschlagen ist der Bischof
Konrad von Lichtenstein.

(Dr. Heinrich Schreiber 1867)

Was zudem erzählt wird ...

Ein Kreuz geht auf Wanderschaft:
Eine Zeitlang soll das Kreuz in den Altar einer Kapelle eingemauert gewesen sein. Verehrt wie an einem Wallfahrtsort, hatte sich der Glaube verbreitet, dass Konrad von Lichtenberg dort beerdigt sei und bei schweren Geburten und erkrankten Kindern Beistand leisten solle.

Wo befindet sich das Denkmal?

Das originale Sühnekreuz befindet sich in der katholischen Kirche Sankt Albert, in der Sundgauallee 9 in Freiburg. Eine Kopie des Denkmals steht vor dem Eingang des Kirchengebäudes unter einem schützenden Dach. Von der Haltestelle »Am Bischofskreuz« sind es nur wenige Gehminuten.

Die Ebringer Kirchweih

Wenn der Alkohol nicht nur die Zunge löst, dann liegen ausschweifende Feierlichkeiten und handgreifliche Streitigkeiten eng beieinander. Ein Funke reicht, und die fröhliche Stimmung schlägt um. Es wird gerauft, geschlagen, geschossen, und am Ende ist ein Toter zu betrauern. Das hat sich bis heute nicht geändert: Ein Blick in die Zeitung genügt, und wir lesen von ausufernden Schlägereien auf Volksfesten.

Angefangen hat alles mit einer heiteren Feierlichkeit. Am 16. August 1495 wurde in Ebringen die Kirchweih zelebriert, ein jährlich wiederkehrendes Fest, das an die Einweihung der Kirche erinnern soll. Nichts ließ an dem Morgen erahnen, dass sich eine schreckliche Geschichte zusammenbrauen würde, die ein langes Nachspiel haben sollte. Obwohl die Geschehnisse lang zurückliegen, ist der Verlauf dokumentarisch bestens überliefert. Nahezu der gesamte Konflikt bis hin zum Schiedsspruch ist festgehalten. Eine Seltenheit bei Vorkommnissen, die sich vor über 500 Jahren ereignet haben. Ungeachtet der eindeutigen Aktenlage gibt es aber auch variantenreiche Erzählungen zu den Geschehnissen, die zu den Handgreiflichkeiten und letztendlich zu dem Tod einer Person geführt haben.

Ebringer mutwill: die von Ebringen haben unser handwercksgsellen und burgers sön, die uff sontag nach Assumptionis Mariae anno XCV uff ir kilchwi zu inen zugen, mutwilliklich und on ursach uberloffen, geslagen, geworfen, geschossen, zwen hert verwundt und ein ze tod geslagen, (…).

(Aktenvermerk des Freiburger Stadtschreibers Ulrich Zasius [1461–1535])

Ebringen – 16. August 1495

Es lebt sich gut in Ebringen. Zum Osten hin erhebt sich ein dichter Wald, das grüne Gold des Schwarzwalds, zum Westen hin erstrecken sich liebliche Weinberge, die die Landschaft zeichnen. Dahinter der Rhein, der als Lebensfluss den Handel fördert. Alles gute Voraussetzungen. Die Menschen haben Arbeit und Geld, um fröhlich und ausgelassen zu feiern.

In der überwiegend ländlich geprägten Lebenswelt des Schwarzwalds begleiten zahlreiche kirchliche Festtage die Menschen durch das Jahr. Eine willkommene Abwechslung für die hart arbeitenden Menschen. Der Sommer ist eine betriebsame Zeit. Alles scheint gleichzeitig reif zu werden, und die Traubenlese steht noch bevor. Eine Arbeit verdrängt die andere, und die Helligkeit des Tages scheint nicht auszureichen, um das Tagewerk zu verrichten. Noch vor Sonnenaufgang ist die Bevölkerung auf den Beinen. Und erst, wenn die Sonne hinter den Bergrücken der Vogesen untergeht und die Landschaft mit dunklen Schattierungen überzogen wird, kann geruht werden. So fiebert man in Ebringen der Mitte des Ährenmonats August entgegen. Auf Mariä Himmelfahrt folgt die Kirchweih. Zwei Tage voller bunter Freude und Ausgelas-

Eine Kirchweih, die in einen Totschlag mündet

Die Wappen von
Freiburg und Ebringen

senheit in der Hochzeit des Sommers. Zu Ehren der Himmelskönigin werden am 15. August auf den Wiesen und im Wald Heilkräuter gesammelt und kunstvoll gebunden. Nach der Weihe in der Kirche werden die Kräuterbüschel im Haus aufbewahrt. Ein Zeichen des Segens, das der Sommer mit seiner reichen Ernte beschert hat. Und ein Schutz gegen das Übel, vielfältig eingesetzt, vom ehelichen Segen bis hin zur Blitzabwehr. Ein paar Pflänzchen vom Büschel unter die Matratze, und schon kann mit Nachwuchs gerechnet werden, oder eine Handvoll in das Herdfeuer, und der Donner verzieht sich.

Nur einen Tag später, am 16. August, wird an die Einweihung der Kirche erinnert. Das Fest wird fröhlich gestaltet. Das wissen auch die umliegenden Gemeinden sehr zu schätzen. Am Morgen ziehen Besucher aus der gesamten Region in die sonnige Weinortschaft, darunter vergnügungswillige Burschen aus Freiburg. Die meisten Schuhmacherknechte sind auch mit von der Partie. Zunftmäßig organisiert strömen sie unter einem gemeinsamen Fähnlein nach Ebringen. Die ankommenden Gruppen stehen eng beieinander. Alsdann wird fröhlich »gezert, getanzt und kurtzwil getriben«. Das Bedürfnis nach Ausgelassenheit ist groß. Mitten in dieser Heiterkeit greift ein Kannengießergeselle, eine frühere Bezeichnung für Blechner, nach seiner abgelegten Handbüchse und stößt dabei versehentlich einen Bienenkorb um. Abertausende von Bienen verlassen fluchtartig ihr Zuhause und schwirren umher. Panisch verlassen die Schuhmacherburschen ihr Plätzchen und eilen auf eine benachbarte Scheune zu, in der eine bewaffnete Ebringer Jungmannschaft die Kirchweih feiert. Von den ausschwärmenden Bienen haben die Ebringer nichts mitbekommen, das plötzliche Drängeln der Freiburger hingegen haben sie bemerkt und fassen es prompt als Affront auf. Eine Rauferei entsteht schnell. Es wird geschlagen, gestoßen und geschossen. Der herbeigeeilte Vogt und der anwesende Freiburger Alt-Zunftmeister können nur noch den schweren Schaden feststellen: Der Schustergeselle Claus Güntzel liegt tödlich verletzt auf dem Boden, Freiburg beklagt außerdem zwei Schwerverwundete. Die Schustergesellen ziehen mit ihrem zerrissenen Fähnlein ab. Ihre Schreie nach Vergeltung begleiten ihren Rückweg in die Schwarzwälder Stadt. Die erste Stufe der Eskalation.

Noch glaubt man, über Gespräche den entstandenen Konflikt lösen zu können. Ebringen entsendet am selben Abend zwei Boten nach Freiburg. Doch die Seiten sind verhärtet, und die Freiburger Bevölkerung ist erhitzt. Die Rufe nach Rache werden in den Freiburger Gassen immer lauter. Die Ebringer Botschafter können nichts ausrichten und kehren zurück in ihre Weinortschaft. Am Tag nach dem Unglück diskutiert der Freiburger Stadtrat. Die Besonnenen appellieren, Ruhe einkehren zu lassen und bis zur Wochenmitte abzuwarten, denn erhitzt lässt es sich weder vernünftig beratschlagen noch klug verhandeln. Doch die Mehrheit stimmt für einen sofortigen Vergeltungsschlag. Es finden sich ungefähr 700 Mann ein, die lautstark Richtung Ebringen ziehen. Die Ehre soll wiederhergestellt werden! Nach einem »Abendtrunk« will man »zehn oder zwölf Ebringer Bauern« als Geiseln mit zurück nach Freiburg nehmen. Zu diesen Zeiten nimmt man die Dinge selbst in die Hand. Doch bis die aufgebrachte Gruppe in der Weinortschaft ankommt, sind die Bauern schon längst geflohen und haben sich in den angrenzenden Wäldern versteckt. Verärgert hinterlassen die Freiburger

Spuren der Verwüstung, bevor sie wieder abziehen. Aber die Plünderungen reichen ihnen als Wiedergutmachung nicht aus. Zusätzlich verbieten sie den Ebringer Bauern den Besuch des Marktes der florierenden Stadt. Die Antwort lässt nicht lange auf sich warten: Die Ebringer Herren erlauben ihren Untertanen, die von Freiburgern erhobenen Zölle und Steuern zu boykottieren. Die Spirale fängt an, sich zu drehen. Der Konflikt zwischen Stadt und Land spitzt sich zu.

Die Ebringer Herrschaft wendet sich an den habsburgischen Landvogt in Ensisheim und erhebt Klage gegen die Freiburger. Die reichen sofort Widerklage ein. Aus ihrer Sicht wurde ihnen Unrecht getan: »geschädigt, in sie geschossen, geschlagen, geworfen, vil verwundt, ein entlibt, darzu unser fänli zerrissen, geschmäht …« Wiederholt setzt der Landvogt einen Richttermin an, kann aber gegen die verfeindeten und störrischen Parteien nichts ausrichten. Letztendlich muss König Maximilian befehlen, dass gerichtet werden soll.

Der Verhandlungstag ist auf den 26. Oktober 1495 angesetzt. Die Parteien sind gut vorbereitet und umgeben sich mit politischen und intellektuellen Größen wie zum Beispiel adligen Standesgenossen oder Gelehrten der Universitäten, die mit der Gegenseite hart ins Gericht gehen sollen. Am Tag des Tribunals zerreißen sich die Parteien in der Luft und hauen sich die Anklagepunkte um die Ohren. Die Freiburger werfen den Ebringern unter anderem Friedbruch und Beleidigung vor. Die Ebringer kreiden den Städtern an, mit dem Kampf begonnen zu haben. Sie waren in der Defensive und konnten nicht anders, als sich zu verteidigen. Außerdem habe kein Ebringer einen Gast verletzt oder gar getötet. Beschuldigt werden Fremde, die die Kirchweih besuchten. Schließlich war die Freiburger Belagerung und Plünderung am Tag nach dem Unglück ohne Legitimation und nicht rechtens – Schmähung hin oder her!

Letztendlich wird am 30. Oktober 1495 der Schiedsspruch verkündet. Die Richtenden sprechen Ebringen von allen Anklagepunkten frei. Den Freiburgern ist ihr eigenmächtiger Aufmarsch zum Verhängnis geworden. Von Anfang an auf ihrer Unschuld beharrend, sind die Ebringer nur zu dem Zugeständnis bereit, dass sie »schlichte grobe Leut« sind. Ihre schlechten Manieren solle man nachsehen. Dieser Vermerk ist dafür wichtig, dass sie als Geschädigte zu keinem Zeitpunkt zu der Errichtung eines oder mehrerer Sühnekreuze verpflichtet werden. Doch genau das wird immer wieder behauptet, bis heute. Der eigentliche Ursprung der Ebringer Sühnekreuze bleibt verborgen im Dunkeln der Jahrhunderte.

Bleibt der Totschlag des Claus Güntzel. Die Verwandten des Getöteten sollen den Täter benennen. Über ihn soll gesondert gerichtet werden. Doch die Ebringer Männer leisten nacheinander einen Unschuldseid. Keiner will Claus Güntzel erschlagen haben. Der Tod des Schustergesellen bleibt ungesühnt, bis heute.

Was ist überliefert?

Nahezu der gesamte Konfliktverlauf ist anhand der Protokollierungen des Freiburger Stadtschreibers Ulrich Zasius und der Gerichtsakten überliefert. Um die Kreuze ranken sich jedoch mehrere Sagen. Manche sehen in ihrer Errichtung einen Bezug zur tödlichen Kirchweihfeier in 1495, andere deuten sie als Grenzsteine, bis zu denen Luther mit seiner Gefolgschaft vorgedrungen und bei denen er geschlagen worden sein soll.

Wo befindet sich das Denkmal?

Aufgrund von Beschädigungen wurden die Kreuze in eine überdachte Mauer eingelassen. Zu finden ist sie an der Kreuzung Schönbergstraße und Reblingweg in Ebringen. Wer seinen Ausflug ausweiten möchte, sollte unbedingt in östlicher Richtung die Berghauser Kapelle besuchen und weiter Richtung Schönberg – er macht seinem Namen alle Ehre – fahren. Zu besichtigen ist die wenig bekannte Burgruine Schneeburg. Von dort oben genießt man einen wunderbaren Fernblick. Gerade am Abend, wenn die Sonne die Landschaft in warme Töne hüllt und die Ortschaft Ebringen golden leuchtet, ist der Ausflug ein Genuss. Spätestens dann versteht man, warum die Freiburger Schustergesellen nach Ebringen geströmt sind.

Ausblicke vom Schönberg: eine Landschaft zum Träumen

Das Ibacher Kreuz

Tod und Moos – im 13. Jahrhundert war Todtmoos ein unwirtlicher Lebensraum, den sogar die Vögel mieden. Ein schauriger, »pestilenzischer« Sumpf, der in seinen moorigen Tiefen Leben verschluckt.

Sogar die Vögel im Lufft waren nit geschwind genug / mit jhrem Flug zu endtfliegen / der Dampf thäte sie obereylen / hinunder zihen / vnd erstecken, dahero von den Leuten dieser klägliche Namen Todt-Moss geschöpffet.

(Pilgerbuch von 1698)

Nach der Gründungslegende erscheint 1255 die Muttergottes dem Leutpriester Dietrich von Rickenbach und befiehlt ihm, im »toten Moos« eine Gottesstätte zu errichten. Viele Wunder werden mit dem Ort in Verbindung gebracht. Seitdem ist Todtmoos ein bedeutender Wallfahrtsort, bis heute. Auf ihren Schritten zum Gnadenbild, einer aus dem 14. Jahrhundert stammenden lebensgroßen Marienfigur, die hoch über dem Kirchenaltar thront, säumen viele Andachtsstätten in der Region die Wege der Pilger. So auch das handwerklich besonders reizvolle Ibacher Kreuz, in das die Jahreszahl 1777 eingemeißelt ist. Viel ist nicht überliefert. Doch rankt sich eine eigenartige Geschichte um das Denkmal.

Ibach – 1898

Zerbrochen auf dem Boden. Das Ibacher Kreuz wurde mit Gewalt aus dem Boden gerissen, als hätte ein wütender Sturm das Denkmal aus seiner Verankerung gehievt und in der Luft den Stein in Stücke gesprengt. Die Teile liegen verstreut auf dem Boden. Wo es einst stand, klafft nun ein tiefes Loch. Die zurückgelassene Winde zeugt von einem abscheulichen Frevel. In einer von Frömmigkeit geprägten ländlichen Gegend sitzt der Schock in der Bevölkerung tief.

Der Täter ist schnell identifiziert. So ein Gerät besitzt in der Gegend nur Theodor Bernauer aus Todtmoos-Au. Er wird festgenommen und sofort inhaftiert. Doch er beteuert vehement seine Unschuld. Er ist ein gottesfürchtiger Mann. Nie und nimmer würde er einen solch lasterhaften Frevel begehen! Die Geschichte nimmt glücklicherweise eine Wendung, denn es stellt sich heraus, dass der wahre Täter ein Sägearbeiter ist, der die Winde entwendet hat. Das Motiv ist nicht das Begehen einer gotteslästerlichen Tat, sondern das Gerücht, unter dem Sockel des Kreuzes sei der Schatz eines Abtes verborgen. Ein Mönch hatte sich einer Hausiererin anvertraut, die das Geheimnis dem Sägearbeiter weitergetragen hatte. Doch außer Erde und Wurzelwerk konnte der Arbeiter keinen Schatz bergen. Dafür war das im Herzen der Bevölkerung fest verankerte Ibacher Kreuz irreparabel beschädigt.

Was tun? Es wird zu einer Spendenaktion aufgerufen. Aus St. Blasien kommen 235, aus Ibach 203 und aus Todtmoos 227 Mark zusammen, über 650 Mark. Bedenkt man, dass dieser Betrag zu damaligen Zeiten dem Jahresgehalt eines Volksschullehrers entspricht, so spürt man, welche Bedeutung dem Denkmal

zukommt. Dank der Spendenfreudigkeit der Bevölkerung konnte das Ibacher Kreuz wieder errichtet werden.

Wo befindet sich das Denkmal?

Das vier Meter hohe Kreuz steht an markanter Stelle, zwischen Todtmoos und Ibach, direkt an der L 150. Sehr zu empfehlen ist die Erkundung der Gegend: Eine Wanderung vom Ibacher Friedenskreuz zum Gipfelkreuz Lampenschweine schenkt unvergessliche Fernblicke. Oder man begibt sich gleich auf den Genießerpfad Ibacher Panoramaweg, der mit traumhaften Aussichten und Alpenblick punktet.

Das Ibacher Kreuz:
ein barockes Kunstwerk

Die Dachdecker – um 1870, eventuell auch 16. oder 17. Jahrhundert

Nicht weit von Ibach, in südlicher Richtung, auf der Gemarkung der Gemeinde Herrischried, erzählen zwei Kreuze von einem traurigen Unfall.

Wer das Leben lieben und gute Tage sehen will, der hüte seine Zunge, dass sie nichts Böses rede, und seine Lippen, dass sie nicht betrüge.

(1. Petrus 3,10)

Bei den zwei Kreuzen, die neben der Kapelle in Hogschür stehen, fällt einem

Zwei Unfälle auf einer Baustelle

augenblicklich die Redensart ein: »Kleine Sünden bestraft der liebe Gott sofort.« Zwei Dachdecker sollen sich beim Bau der Kapelle wüst beschimpft und gotteslästerlich geflucht haben. Alsdann sind beide Handwerker vom Dach gestürzt. Der eine verletzte sich am Kopf und verstarb, der andere verlor einen Arm. Daher hat das größere Kreuz am

Die Vertiefung im Stein deutet auf eine Kopfverletzung hin

Die Kapelle in Hogschür

oberen Schaft eine Vertiefung, beim kleineren Denkmal fehlt der linke Arm. Der Unfall soll sich laut der Überlieferung um 1870 ereignet haben. Bei der Datierung der Steine wurde in der Vergangenheit auch das 16. oder das 17. Jahrhundert vermutet.

Vielleicht war die Geschichte auch eine ganz andere? Sie könnte wohl von mangelnder Arbeitssicherung zeugen, in einer Zeit, in der die Arbeitskraft eines Handwerkers nicht sonderlich viel wert war. Unglückliche Missgeschicke und tödliche Unfälle waren keine Seltenheit auf den vielen Baustellen. Nur angenommen, die Arbeiten wurden trotz schlechten Wetters ausgeführt, obwohl es anhaltend regnete und kein Schutz gegen einen möglichen Absturz vorhanden war, dann hätten beide Männer herunterfallen können, ohne Fluchen, ohne Gerangel. Da dies aber nicht mit rechten Dingen zugehen konnte, wurde sodann das Gerede verbreitet, die Handwerker hätten lästerlich geflucht. Nur angenommen. Fest steht jedoch, Gerüchte verbreiten sich wie der zähe Rauch in einer Schwarzwaldküche. Hängt er erstmal im Gewölm[1] fest, dringt er durch das ganze Haus und nistet sich in allen Ecken ein, bis in alle Ewigkeit.

Wo befindet sich das Denkmal?

Die zwei Kreuze stehen rechts neben der Kapelle in Hogschür. Leider ist das Gotteshaus geschlossen. Möchte man die Kapelle besuchen, so sollte man vorab die Gemeinde in Herrischried kontaktieren.

1 Gewölm: Ein Rauchfang über der Feuerstelle in der Küche.

Am Galgenfeld

Der Stein steht auf einer sonnendurchfluteten Wiese, auf der Obstbäume im Frühjahr ihren berauschenden Duft verströmen. Vor unserem Auge entfaltet sich ein malerisches Städtchen, das von einer Rebenlandschaft umrahmt ist, und im Hintergrund steht ein dunkler Wald, der bis zur höchsten Erhebung des Nordschwarzwalds, der Hornisgrinde, dramatisch ansteigt. Das ist der Schauplatz des Galgenfelds.

Kappelrodeck – 21. Jahrhundert

In meinem langen Leben habe ich unsäglich viel Leid erlebt und weiß von unvorstellbaren Gräueltaten, bestialischer Gewalt und barbarischen Hinrichtungen zu berichten. Welch Elend! Menschen sind zu Schrecklichem fähig, das ist wahrlich keine moderne Erfindung. Angeklagte haben hier ihren letzten Atem ausgehaucht, der Körper zersplittert, das Genick gebrochen. Baumelnd hingen sie am Galgen, der hier einst stand. Ich vergesse nichts, all diese furchtbaren Geschehnisse halte ich in meinem steinernen Gedächtnis fest. Äußerlich habe ich eine harte Schale, doch in meinem Inneren bewahre ich die Geschichten der verletzten Seelen. Es sind Erzählungen von böser Missgunst und üblem Verrat, krankem Neid und falschen Verdächtigungen, unnötigen Fehden und nicht enden wollenden Kriegen. Auch erzähle ich von Verbrechen, die der Täter auf brutale Weise büßen musste. All das halte ich als Mahnmal fest, damit die Menschen nicht vergessen.

Seit wann ich hier stehe, weiß ich nicht mehr genau. Bereits 1524 bin ich mehrfach erwähnt. Mein Schauplatz des Grauens war jahrhundertelang eine Richtstätte, wo die Todesurteile durch Hängen vollstreckt wurden. Die Verurteilten hatten »mit des Seilers Tochter Hochzeit«, wie die Vollstreckungen durch den Strang auch hießen. Außerhalb der Ortschaft, an einer vielbenutzten Durchgangsstraße, sah man den Galgen von Weitem. Eine Abschreckung für die rechtschaffenen Menschen von »Capell bey Rodeck«. Der Platz wurde gemieden, so schnell man konnte, zog man weiter, mit einem ehrfürchtigen Kreuzzeichen und den Blick starr nach unten gerichtet. Um dem Galgenfeld das Ungeheuerliche zu nehmen, wurde ich aufgestellt. Doch es hat nicht geholfen. Dem Volksglauben nach spukt es hier, bis heute. Die Hingerichteten geistern und gehen ruhelos umher, vor allem in der Adventszeit. Und wer noch in dieser dunklen Jahreszeit geboren ist, der verirrt sich und sieht allerlei Gestalten. Ihr glaubt mir nicht? Dann kommt doch her! Die Einheimischen wissen das schon längst:

Do solle se im Drißigjährige Krieg ufghenkt worre si. Un wenn Lit, wu in de Adventszit gebore sin, dert nookumme, nor hen se sich verirrt oder hen Gschtalte gsähne, Hund un au Katze.

Manch finstere Gestalt schreckte der Spuk nicht ab. Dem Körper Hingerichteter wird eine besondere Kraft zugeschrieben, denn in dem Leib des Gehängten war der verbleibende Lebenssaft. Mit meinen eigenen Augen habe ich gesehen, wie nachts ab und an dunkle Kreaturen

Körperteile entwendet haben. Verarbeitet wurden sie mit anderen geheimen Zutaten zu Amuletten oder Medizin und anschließend gewinnbringend veräußert. Ein todsicherer Handel.

In »Capell bey Rodeck« bin ich nicht die einzige Richtstätte. »Auf dem Brand«, oder »Brandrain« genannt, wurden die der Hexerei Beschuldigten mit dem Schwert hingerichtet. Ihre Körper wurden anschließend zu Asche verbrannt und in der Erde vergraben.

Bereits zu Beginn der 1560er Jahre wütet in der Region um Achern der Hexenwahn. Mehrere Menschen, Frauen wie Männer, werden beschuldigt, mit dem Teufel einen Bund geschlossen zu haben. In Kappelrodeck erreicht der Irrglaube erst anno 1631 seinen Höhepunkt, als würde das Leiden, das die Menschen im Dreißigjährigen Krieg erdulden müssen, nicht reichen. Der eigens abgeordnete Kommissar Faber verfügt, dass von jedem Bewohner Erkundigungen einzuziehen sind. In zwei Wochen des Verhörs werden 56 Frauen und 15 Männer denunziert. Wie viele es am Ende genau sind, kann ich heute nicht mehr sagen, denn es gab einige Mehrfachnennungen. Manche Bewohner wurden mit Vor- oder Rufnamen aufgelistet. Doch jeder, der verdächtigt wurde, war einer zu viel.

Anzestrale Kenntnisse der Wirkungen von Heilpflanzen, insbesondere das Wissen um die Empfängnisverhütung, sind für viele ein Todesurteil. Auf einmal gilt ein Hustensaft als abortiver Malefiztrank. Wenn Gott Krankheiten nicht entsendet, dann kann nur die schwarze Magie des Nachbarn Seuchen verbreiten. Meist hat er einen bösen Blick und zaubert Hexenschuss, Gicht und noch ganz andere Gebrechen herbei. Insbesondere der Tod und die Krankheit von Nutztieren werden dem Umstand zugeschrieben, dass es nicht »recht zuegehe«. Frauen werden verdächtigt, dem Vieh die Milch genommen zu haben. Hans Schäufelin berichtet, dass sein Nachbar und seine Frau einen »wunderbahrlichen Wandel füeren«, da sie bei »nächtlicher Weil mit Lichtern uff das Feld gehen«. Was sie dort machen, kann Hans nicht berichten, doch die Bäume des Nachbarn tragen jährlich viele Früchte, während seine jämmerlich dastehen. Das ist Zeichen genug! Mathias Gast hat die Pfaffenbächerin im Verdacht, seine Frau zu verderben, während die Ochsenwirtin bereits seit 20 Jahren ihr Hexenwerk treiben soll. Dass »Hauß und Hof verbrennet sey«, so schildert Georg Lamm, kann nur seine Nachbarin verursacht haben. Ein Denunziant berichtet, dass Urban Schoch und seine Frau auf einer »Schwarte« in den Wald zu einem Tanz geflogen sein sollen. Insgesamt werden von den Denunzierten 16 Frauen und vier Männer der »peinlichen Befragung« unterzogen, unter Anwendung von Gewalt und Folter.

Auch auf der »Herrenmatt« werden Verurteilte hingerichtet. Dort kann man heute noch das Kreuz in der Richard-Lenk-Straße besuchen.

Die letzte öffentliche Enthauptung findet am 30. Juli 1800 statt. Der Andrang der Schaulustigen ist so groß, dass es ein furchtbares Gedränge auf dem Richtplatz gibt. Manche klettern auf die nächstgelegene Mauer, um von dem grusligen Schauspiel bloß nichts zu verpassen. Ein solches Spektakel möchte man sich nicht entgehen lassen. Die Menge brodelt, die Gemüter sind erhitzt. Plötzlich stürzt die Mauer ein und ist »verruyniert« worden. Nur mit erheblichem Kostenaufwand kann sie wieder errichtet werden.

Auf dem Galgenfeld geht es heute friedlich zu, nur der parallel verlaufende Zu-

Das Kreuz am Galgenfeld:
Nichts lässt erahnen,
dass dieser Ort Schauspiel
des Schreckens war

bringer und der rege Verkehr stören das ländliche Idyll. Umrahmt von Obstbäumen, die sich im Frühling in zarten Tönen kleiden, halte ich die Stellung. Nichts lässt erahnen, dass dieser Landstrich jahrhundertelang ein Schauplatz des Schreckens war.

Wo befindet sich das Denkmal?

Von Kappelrodeck in Richtung Achern, ungefähr 1,2 km nordwestlich, steht der Stein auf einer Wiese an einem Wirtschaftsweg. Parallel verläuft die Landstraße L 87.

Das Sühnekreuz von Waldulm – 1619

In der Nähe vom Galgenfeld, auf dem alten Weg nach Waldulm steht beim Schloßbauernhof oberhalb der Böschung ein zierlich gearbeitetes Sühnekreuz. Es trägt die Jahreszahl 1619. In der Kreuzmitte erhebt sich ein Wappenschild, auf dem im Relief eine Pflugschar und darunter ein Rebmesser abgebildet sind. Um dieses Denkmal ranken sich gleich fünf Sagen. Überliefert sind die folgenden Geschichten: Ein Mann soll einen Pflug gestohlen und aufgehängt worden sein. Erzählt wird auch von einem Raubmord, der sich nach dem Verkauf eines Ochsen zugetragen haben soll. Erwähnt wird ebenfalls die Geschichte von zwei Sägewerksarbeitern, einem Deutschen und einem Italiener, die aus Geldgründen einen Streit vom Zaun gebrochen haben. Der Italiener soll den Deutschen erschlagen haben. Schließlich wird von einem erschlagenen fremden Wanderer berichtet oder einem Fuhrwerkunglück. Die Bandbreite der Überlieferungen ist

Das Sühnekreuz
von Waldulm: seit
über 400 Jahren
an seinem Standort

so weit, dass wir heute nicht mehr sagen können, was sich an diesem Ort zugetragen hat. Fest steht, dass die Tat 1619 geschah, in einer heute nicht vorstellbaren Zeit des Schreckens. Der Dreißigjährige Krieg wütete von 1618 bis 1648 und war nur der Anfang eines Jahrhunderts des Grauens. Nach einer kurzen Unterbrechung tobten die vom Sonnenkönig Ludwig XIV. geführten Expansionskriege. Zuerst der Pfälzische Erbfolgekrieg, gefolgt vom Spanischen Erbfolgekrieg. Ein territoriales Tauziehen, das große Teile Europas erschütterte und in kriegerische Handlungen stürzte. Insgesamt herrschte mit kurzen Unterbrechungen hundert Jahre Krieg. Länger als ein Menschenleben, gezeichnet von Schrecken und Gewalt, Verwüstungen und Plünderungen.

Wo befindet sich das Denkmal?

Von Waldulm fährt man auf der Weinstraße in südliche Richtung und biegt links in die Straße Ziegelhof ab. Das Kreuz befindet sich auf der linken Seite, inmitten einer Rebenlandschaft, oberhalb der Böschung.

Der Triberger Galgen – 16. Jahrhundert

Eine andere Hinrichtungsstätte befindet sich oberhalb der Wasserfallstadt Triberg. Heute wirken die Sandsteinsäulen mit dem Querbalken wie ein einladendes Tor zum Mittelweg. Die berühmte Nord-Süd-Fernwanderstrecke führt am Galgen vorbei. Erst die Schautafel verdeutlicht, welche grausamen Exekutionen einst hier stattgefunden haben. Bereits seit 1349 ist für die Herrschaft Triberg ein Galgen beurkundet, an seinem jetzigen Standort seit dem 16. Jahrhundert. Ein makabres und beliebtes Schauspiel, das Massen von nah und fern anzog.

Im Mittelalter und in der Neuzeit stand die Blutgerichtsbarkeit, das Recht, über Leben und Tod zu urteilen, der Landesherrschaft zu. Die Hinrichtungsstätten, wo die Verurteilten ihren letzten Atem aushauchten, wurden an markanten Orten angelegt. Meist befanden sie sich außerhalb der Siedlung auf einer Erhebung und waren somit von Weitem sichtbar. Mit der öffentlichen Vollstreckung wurde ein Exempel statuiert, das dem Volk als Abschreckung dienen sollte. Eine pädagogische Wirkung, die heute befremdlich wirkt. Mehr als das: In einer Zeit, in der die harte Arbeit das Leben bestimmte, boten Hinrichtungen eine willkommene Ablenkung vom Alltag. Ausgerichtet wie ein Volksfest mit seinen Essensbuden und Trinkständen, wurden an manchen Orten des Schreckens sogar Tribünen aufgebaut, die eine gute Sicht auf den Hingerichteten boten, und gewinnbringend beworben. Der Henker stieg alsdann mit dem Verurteilten auf eine Leiter und befestigte den Strick am Querbalken. Anschließend kletterte er wieder hinunter und zog die Leiter weg. Der Delinquent baumelte am Querbalken, erhängt durch sein eigenes Gewicht.

Wo befindet sich das Denkmal?

Vom Wasserfallstädtchen Triberg fährt man über die Geutschestraße Richtung Sankt Georgen. Der Galgen ist ausgeschildert. In der Nähe befindet sich das Ausflugslokal Stöcklewaldturm. Der leckere selbstgebackene Kuchen kann über den tragischen Ort hinwegtrösten.

Kein einladendes Tor zum Mittelweg – der Triberger Galgen

Das Steinkreuz in Ringelbach

Das Sandsteinkreuz hätte sich keinen schöneren Aussichtspunkt aussuchen können. Oberhalb der adretten Gemeinde Ringelbach steht es in einer Kurve und blickt auf ein Landschaftsgemälde. Seitlich fließen mehrere Bergrücken ineinander, an denen sich Weinreben sanft anschmiegen und die mit ihren Linien Muster in das Bild malen. In der Mitte öffnet sich der Blick weit über das Tal hinaus, und im Hintergrund erhebt sich das Städtchen Oberkirch. Das kleeblattförmige Kreuz verrät nicht viel. Die Inschrift ist karg gehalten, und eine Datierung sucht man vergeblich. Die überlieferte Sage hingegen erzählt eine traurige Geschichte aus früheren Zeiten.

Kappelrodeck und Ringelbach – vor einigen Jahrhunderten

So viele Münder zu stopfen und so wenig helfende Hände. Schnell rechnet Maria im Kopf zusammen: ihr Mann, der Bauer, und sein Gast aus Oberkirch, der Knecht, die Söhne, die Töchter, die Magd und der Handwerksbursche, der wie ein Ochs frisst. Zwölf Hungrige, die auf das Nachtessen warten. Nur die älteste Tochter kann in der Küche mit anpacken, die mittlere passt auf die jüngeren Geschwister auf. Natürlich hat sie eine Magd, doch die ist mit ihren 43 Jahren schon eine alte Frau und mittlerweile unbeweglich wie ein Besenstiel, denkt Maria erschöpft und kneift die Augen zusammen. In der Rauchküche ist es an diesem Oktoberabend bereits dunkel, nur das Herdfeuer erhellt spärlich den Raum. Sie öffnet das

Oberhalb der Gemeinde Ringelbach: ein schönes Fleckchen Erde

Ofentürchen des gemauerten Küchenherds und schiebt ein neues Holzscheit hinein. Sofort quillt starker Rauch aus der Öffnung über dem Herd. Der Qualm dringt in ihre Augen und setzt sich beißend auf ihre Lunge, bevor er sich tänzelnd unter dem Gewölm ausdehnt und zur Öffnung in der Wand zieht. Maria hustet und verflucht die Magd, die vom Hühnerstall noch nicht zurückgekehrt ist. Danach ist die Tochter an der Reihe, die in der Rauchküche noch nicht aufgetaucht ist, gefolgt vom Bauer, der ausgerechnet heute noch einen Gast einladen musste. Ihre Schimpftirade endet bei dem zwielichtigen Handwerksburschen, der einige Tage bei ihnen weilt und die Körbe ausbessern soll. A Scheusal isch des! Dabei schmerzt ihr Rücken noch vom gestrigen Backtag. Nachdem sie am Vorabend den Sauerteig angesetzt hatte, hat sie gestern den Teig zunächst lange geknetet, 28 Laibe geformt und in den Ofen des Backhäusles geschoben. Kurz streckt sie sich und reibt die schmerzende Stelle, um sich dann wieder über das Feuer zu beugen. Mit der Zange hebt sie einen Eisenring vom Herd, damit der große Suppenkessel in das Loch der Abdeckplatte passt. Sie gibt eine Faust voll Schmalz in den Topf, erhitzt das Fett kurz und fügt zwei Kochlöffel Mehl hinzu. Unter ständigem Rühren röstet sie das Gemisch, bis das Getreide ganz dunkel ist. Nicht schwarz, sonst schmeckt die Suppe bitter, und der Bauer würde gosche. Zuerst gießt sie kaltes Wasser auf, damit keine Klümpchen entstehen, dann fügt sie die heiße Fleischbrühe hinzu, die auf der Herdplatte langsam vor sich hin köchelt. Vom Vortag sind noch gekochte Rüben übrig. Sie nimmt die schwere Eisenpfanne zur Hand und rädelt das Gemüse. Im heißen Schmalz brät sie sie goldgelb an. Endlich hört sie Schritte und dreht sich um. Die Magd und ihre Älteste treten gemeinsam in die Rauchküche.

»Da sinner ja endlich! Wo habt ihr so lange gesteckt? Das Essen ist fertig und kann angerichtet werden«, faucht sie die schemenhaften Gestalten an, die der Rauch versteckt. Ohne eine Antwort abzuwarten, beauftragt sie ihre Tochter:

»Geh und sag in der Stube Bescheid. Sie sollen sich alle hinsetzen.«

Großzügig verteilt sie fein geschnittenen Peterle über die Rüben und streut den in dünne Scheiben geschnittenen Speck über die Gemüsepfanne. Soll der eingeladene Bauer doch sehen, dass bei ihnen recht gegessen wird, auch an Wochentagen! Zur Magd gewandt, fügt sie bekümmert hinzu:

»Das Essen kommt oben auf den Tisch, die Eisenpfanne mit dem Speck genau

vor den Bauer, daneben die Suppenschüssel. Wir müssen aufpassen, dass der Korbmacher nicht so viel isst.«
Sofort verfinstern sich ihre Gedanken. Erst gestern ist der Handwerksbursche bei ihnen aufgetaucht. Er ist ein komischer Geselle, und ein ungutes Gefühl beschleicht sie. In der Gegend haben sie ihn zuvor noch nie gesehen. Ihr scheint, er habe berechnende Augen, die aus einem spitzen, marderartigen Gesicht sein Umfeld mustern und gierig kalkulieren, welche Schätze sich auf dem Hof verbergen. Und essen kann der! Dabei ist er spindeldürr. Heute Morgen hat sie den Bauer darauf angesprochen, doch der hat ihre Bedenken mit den Schultern weggezuckt. Maria reibt sich den Qualm aus den geröteten Augen und mit ihm die Beklemmung, die sie wie der Rauch umhüllt.
»Komm, lass uns das Essen raustragen.«
Sie nimmt die schwere Eisenpfanne und den Schöpflöffel in die Hand. Die Magd folgt ihr mit der Suppenschüssel. In der Stube gibt es eine feste Sitzordnung. Oben am Tisch, direkt unter dem Herrgottswinkel, sitzt der Bauer, die Stube fest im Blick, rechts neben ihm der eingeladene Bauer aus dem Renchtal, dann der Knecht, gefolgt von den Buben. Links vom Bauer, auf der Bank, ist ihr Platz, die Magd neben ihr und dann die Mädchen. Am unteren Ende der Korbmacher, der sie mit einem durchdringenden Blick mustert. Sie stellen das Essen ab. Jeder nimmt sich vom Lederriemen, der an der Wand hängt, seinen zugewiesenen Löffel. Der Hausherr spricht das Gebet, knapp und leidenschaftslos rattert er die wenigen Zeilen hinunter. Maria wünscht sich jedes Mal, er würde inbrünstiger die Worte sprechen, damit der Segen ihr Herz erreicht, doch die Männer sind hungrig. Nach einem hastigen Amen tauchen die beiden Bauern ihre Löffel in die Speckrüben. Eine andächtige Ruhe macht sich breit, und zehn hungrige Augenpaare schauen auf die kauenden Zähne. Der Bauer blickt in die Runde und schiebt großzügig die Suppenschüssel zu den anderen, während er mit seinem Gast genüsslich die würzigen Rüben isst. Nur das Kratzen der Löffel begleitet das Schmatzen der Menschen. Kein Wort wird gesprochen, bis der Bauer seinen Löffel auf den Tisch legt und das unmissverständliche Zeichen gibt, dass die Mahlzeit vorbei ist.
Mit einem unverkennbaren Stolz in den Augen blickt er nacheinander seine Familie an und wendet sich dann seinem Gast zu: »Wir haben uns also geeinigt. Morgen früh nimmst du den Ochsen mit, und am Tag vor Martini holt Maria bei dir das Geld ab.«

Sein Gast nickt. Zufrieden reibt sich der Bauer den Bauch und lässt ein leises Rülpsen ertönen.
»Dann lass uns auf das gute Geschäft anstoßen. Maria, bring uns den Schnaps.«
Alle erheben sich, bis auf die zwei Männer. In der Stube gibt es abends in der dunklen Jahreszeit viel zu erledigen. Die Arbeit geht nie aus. Heute werden die Frauen spinnen, nachdem sie die Reste vom Abendessen aufgeräumt haben, während die Männer die Griffe der Werkzeuge ausbessern werden. Es ist ungewöhnlich kalt für einen Oktoberabend. So ist jeder froh, in der Stube zu sitzen und nach einem langen Arbeitstag die Wärme des Kachelofens zu spüren.

»Korbmacher, du kannst gerne bleiben und mit uns auf das gute Geschäft anstoßen.«
Heute Abend zeigt sich der Bauer großzügig. Den Ochsen hat er für einen guten Preis verkauft. Der drahtige Handwerksbursche lässt sich das kein zweites Mal sagen und setzt sich sofort wieder an den Tisch.
»Ihr scheint beide zufrieden. War das Geschäft denn so gut?«, fragt der Korbmacher neugierig.
»Mein Ochse ist ein Prachtskerl, ein gutes Zugtier.« Auffordernd schaut der Hausherr den Bauer aus Oberkirch an.
»Du hast recht. Auch wenn du viel für ihn verlangst. Ich hoffe, er ist jeden Groschen wert.« Der Oberkircher mustert den Hausherrn.

Das Denkmal befindet sich inmitten einer schönen Rebenlandschaft

Das Steinkreuz in Ringelbach: eine Überlieferung von Gier und Totschlag

»Natürlich!« Ein leichtes Lächeln fliegt über die Lippen des Bauers. »Schließlich zahlst du auch erst in einem Monat. Vergiss das nicht.« Gedankenverloren klopft er auf die Anzahlung, die sicher verstaut in seiner Brusttasche liegt.
»Ich habe dir schon erklärt, dass ich meine Holzlieferung erst Anfang November bezahlt bekomme. Der Tag vor Martini kommt schneller als gedacht, und dann bekommst du dein Geld.«
Der Korbmacher verfolgt gespannt die Unterredung. Jedes Wort prägt er sich ein. Die Schnapsgläser klirren.

Einen Monat später. Sie hat sich auf den Ausflug gefreut und vorgehabt, in Oberkirch einzukaufen. Nun regnet es in Strömen. Milchkübelvoll prasselt der Niederschlag auf die schon wassersatte Erde. Lange bevor sie im Städtchen ankommen würde, wäre ihre Kleidung durchweicht. Kurz spielt sie mit dem Gedanken, die Magd zu schicken. Doch eine Geldübergabe kann sie ihr nicht anvertrauen.
Und einen Tag Aufschub würde ihr Mann sicher nicht gutheißen. Maria zieht die Eingangstür auf und schaut missmutig auf die Regenwand. Ein Schauer kriecht ihr langsam den Rücken hoch, obwohl sie ihren Umhang fest um sich gezogen hat. Die Schritte ihrer Tochter auf dem langen Flur reißen sie aus ihren düsteren Gedanken. Den Türknauf in der Hand haltend, dreht sie sich ein letztes Mal um.
»Pass auf deine Geschwister auf. Zum Nachtessen bin ich wieder daheim.« Bevor die Tür wieder zufällt, hat der Regen Maria bereits verschluckt. Obwohl sie sich beeilt, ist an ein schnelles Vorankommen nicht zu denken. Die Wege sind vom vielen Niederschlag verschlammt. Immer wieder rutscht sie aus und bleibt mit ihren Schuhen in der nassen Erde stecken. Der Matsch spritzt an ihren Beinen hoch und verdreckt ihren Umhang. Völlig erschöpft kommt sie erst zwei Stunden später beim Bauer in Oberkirch an. Eine gespenstische Ruhe umgibt den abseits liegenden Hof. Kein Wunder bei dem Wetter, denkt Maria. Der Bauer ist wahrscheinlich im Wald, doch im Haus werde ich schon jemanden antreffen. Ihr nasser Umhang klebt mittlerweile wie eine zweite Haut an ihrem Körper, und sie freut sich auf die Aussicht, sich am warmen Kachelofen kurz zu wärmen. Sie umrundet das Hofgebäude und öffnet die Tür, die zum Wohnteil führt. Laut kündigt sie sich an, klopft ihre Schuhe aus und tritt ein. Erstaunt stellt sie fest, dass Bauer und Bäuerin zusammensitzen, am helllichten Tag, wenn es doch so viel Arbeit gibt!
»Maria, setz dich. Wir haben schon auf dich gewartet.«
Instinktiv spürt sie, dass etwas nicht stimmt. Eine drückende Luft scheint sich an der niedrigen Decke der Stube festgesetzt zu haben. Kaum nimmt sie auf der Bank Platz, schaut der Bauer sie aus einem bekümmerten Augenpaar an. Eine tiefe Furche spaltet seine Stirn.
»Ich habe das Geld nicht. Der Holzhändler hat mich nicht bezahlt. Er sagt, mein Holz ist minderwertig, und ich muss mich gedulden, ob er einen Abnehmer findet. Das stimmt aber nicht. Ich habe gute Ware geliefert.«
Die Bäuerin steht auf und bietet entschuldigend an:
»Ich hol dir jetzt erst mal eine Schüssel Brühe.«
Kaum sind die Worte ausgesprochen, steht ein dampfender Teller vor Maria. Sie möchte aufstehen und gehen, zumindest protestieren. Maria weiß, dass ihr Mann wütend sein wird. Doch die Suppe ist verlockend, und ihre Hände sind von der Kälte noch gelähmt. Es fällt ihr schwer, mit den tauben Fingern den Löffel in die heiße Suppe zu tunken.
»Sag deinem Mann, dass er spätestens nach Dreikönig sein Geld bekommt. Falls der Händler nicht zahlt, dann fällt mir

noch etwas anderes ein. Diesmal komme ich zu euch, versprochen.«
»Er wird wütend sein, du kennst ihn.«
Maria steht auf. Die Suppe hat sie gewärmt, doch geschmeckt hat sie ihr nicht. Schon macht sie sich wieder auf den Nachhauseweg, den prasselnden Regen als einzigen Begleiter. A liedrige Tag. Das Wetter, das fehlende Geld, und jetzt noch der Bauer, der toben wird. Vielleicht gibt er ihr noch die Schuld? Besorgt beißt sie sich auf die Unterlippe. In diesem Moment hört sie ein Knacken hinter sich, das sie aus ihren trüben Gedanken aufschreckt. Sie bleibt stehen und dreht sich um. Außer der Regenwand und den gespenstisch erscheinenden Tannen kann sie nichts erkennen. Und doch hat sie das Gefühl, nicht mehr alleine zu sein. Angestrengt lauscht sie in den Wald hinein. Ihre Sinne sind geschärft. Dennoch kann sie nichts weiter hören, kein Geräusch, das ihr verraten würde, jemand wäre unterwegs. Sie beschleunigt ihre Schritte und treibt sich zur Eile an, um die innere Beklemmung zu vertreiben. Nach einer kurzen Strecke hält sie erneut inne und dreht sich um. Da sieht sie ihn, nur eine Armlänge hinter ihr. Ihr Erstaunen, den Korbmacher zu sehen, wandelt sich in weniger als einem Wimpernschlag in lähmende Todesangst. In seinen Augen erkennt Maria die krankhafte Gier.

Was ist überliefert?

Es ranken sich zwei Sagen um das Steinkreuz. Ein Bauer aus Kappelrodeck hatte an einen Bauer aus dem Renchtal einen Ochsen verkauft. Seine Frau sollte zu einem fest vereinbarten Termin das Geld abholen. Ein auf der Stör arbeitender Handwerksbursche soll die Vereinbarung zufällig gehört haben, als er in der Stube seine Suppe löffelte. Am Tag der Geldübergabe lauerte er der Frau auf und tötete sie auf grausame Weise. Das Geld hat er nicht gefunden. Später wurde der Mörder gefasst und verurteilt. An der Stelle, an der das Kreuz steht, soll er von Ochsen lebendigen Leibes zerrissen worden sein. Eine weitere Sage erzählt von einem Mann, der an der Stelle des Denkmals umgebracht wurde. Außer Schuhnägel trug er nichts bei sich. Die Mörder sollen sie ihm aus Wut in den Körper geschlagen haben.

Die Inschrift des Steinkreuzes
ist nur schwer leserlich:

CHRISTIAN SCHUP UND SEIN
HAUSFRAU HABEN DISES KREUZ
ZUR ERED R ALF

Eine Quelle aus dem Jahre 1938
hält folgende Inschrift fest:

CHRISTIAN SCHNER UND SEIN
HAUSFRAU HABEN DISES KRIDZ
ZUR EHRE DER ALER

Wo befindet sich das Denkmal?

An der Landstraße L 86a von Ringelbach zum Ringelbacher Kreuz. Es steht an einer Serpentine, ungefähr 200 Meter vor der Passhöhe. Landschaftlich besonders reizvoll lädt uns die Gegend zum Erkunden ein. Schöne Mischwälder und eine hügelige Rebenlandschaft vereinen sich mit traumhaften Fernblicken. Vor allem im Herbst ist das goldgelbe Farbenmeer der Weinreben und der Esskastanien ein Genuss.

Der Heimkehrer

Krieg und Narretey
der Menschen
zerstören alles.

(Matthäus Merian [1593–1650],
Glasmaler, Kupferstecher, Verleger)

Das Kreuz befindet sich eingemauert in einer Hauswand in der Pfauenstraße. So unscheinbar unter dem Putz verdeckt, als hätte sich an diesem Ort kaum etwas Nennenswertes ereignet. Dabei hat sich hier eine grausige Tat zugetragen, wenn man der Sage Glauben schenken mag. Es fällt schwer, denn die Ereignisse, die überliefert sind, zeugen von einer scheußlichen Brutalität.

Von den Geschehnissen in Titisee-Neustadt sind mehrere Versionen überliefert. Mal wird die Geschichte im Dreißigjährigen Krieg situiert, mal in den »Franzosenkriegen«, die Ludwig XIV. gegen Habsburg um die Erbfolge Spaniens führte. Beide Epochen übertrafen sich mit unvorstellbaren menschlichen Gräueltaten und sind in die Geschichte als das Jahrhundert der Kriege eingegangen. Nur um sich das Ausmaß einigermaßen vorstellen zu können, sollen einige Fakten genannt werden: Mehr als die Hälfte der Bevölkerung Badens, mancherorts bis zu zwei Drittel, soll der Dreißigjährige Krieg das Leben gekostet haben. In den darauffolgenden »Franzosenkriegen« sind bis zu 90 Prozent der Dörfer dem Erdboden gleichgemacht worden. Durch die Zerstörungstaktik der »verbrannten Erde« versank alles in Schutt und Asche, darunter auch viele mächtige und uneinnehmbar erscheinende Burgen. Durchziehende Truppen verwüsteten das Wenige, das übrigblieb. Zeitgleich wüteten Seuchen, und die Hungersnot war so gewaltig, dass man Katzen, Hunde und Ratten verspeiste.

Zum Ursprung des Kreuzes in der Pfauenstraße hat der Ratsschreiber Karl Hofmeyer 1922 in den Annalen der Stadt geforscht und nur wenig gefunden. Fest steht, dass das große Haus eines der ältesten in Titisee-Neustadt ist und aus dem 16. Jahrhundert stammen könnte, zusammen mit anderen Gebäuden in der Straße wie der Basilieschmiede. Am Anfang des 18. Jahrhunderts soll in dem Anwesen die Wirtschaft »Zum Hirschen« eröffnet worden sein.

Titisee-Neustadt – Anfang des 18. Jahrhunderts

Nur zerlumpte Gestalten, die ab und an die Wirtsstube besuchen. Ansonsten kommen regelmäßig marodierende Truppen, die saufen, stehlen und huren. Söldner, die sich an den Meistbietenden verkauft haben und unter irgendeiner Fahne dienen. Die Wirtsleute sehnen sich nach besseren Zeiten. Ihnen bleibt nur noch die Hoffnung, alles andere ist tot. Sogar der eigene Sohn. Als die Hungersnot so groß war, hat er sich für eine Armee des Sonnenkönigs anwerben lassen. Wenn sie sich vorstellen, dass ihr Sohn einer von ihnen ist, ein Söldner, der plündert, vernichtet und mordet, dann sind sie froh, dass er nicht mehr unter den Lebenden weilt. Ganz sicher sind sie sich nicht, doch seit Jahren haben sie nichts mehr von ihm gehört. Wer könnte jahrelang das Grauen auf den Schlachtfeldern überleben? Der Verlust des einzigen Sohns und die Not haben sich in einen unkontrollierbaren Hass verwandelt. Hass auf die Welt, Hass auf die Menschen.

Ein neues Regiment hat sich in Neustadt niedergelassen. Es ist zur Verstärkung der Truppen gekommen, die sich in Freiburg gegenseitig belagern und bekriegen. Die Beutezüge machen durstig, heute Abend ist die Wirtsstube sicher wieder voll. Den Wein haben sie vorsichtshalber schon gestreckt, und alles, was nicht nagelfest ist, lagert fest verschlossen im Gewölbekeller.

Wie sie es geahnt hatten, war die Stube seit Anbruch der Dunkelheit von versoffenen Söldnern gut besucht. Ein lautes, verfilztes Pack, das sie immer wieder in die Schranken weisen mussten. Der ganze Abend war ein einziges Geschrei und Gezeter gewesen. Die Letzten sind gerade dabei, aufzubrechen. Nur in der hinteren Ecke sitzt noch ein Soldat. Ein komischer Kauz, der den ganzen Abend alleine saß. Seine Kappe hat er tief in die Stirn gezogen. Quer über sein Gesicht zieht sich eine rötliche Narbe, die sein Äußeres hässlich entstellt. Buschige Augenbrauen, ein langer Vollbart und zerschlissene Kleidung vervollständigen seine verwahrloste Erscheinung. Er sieht aus wie ein Landstreicher. Soeben hat er der Wirtin zugerufen, dass er ein Nachtquartier sucht. Er wird sich über der Stube in den Schlafraum legen. Der Wirt soll nach seinem Pferd schauen. Kaum hat er seine Bitte ausgesprochen, kippt er den letzten Schluck Wein hinunter und geht die steile Treppe wankend nach oben. Dort legt er sich auf einen löchrigen Strohsack und fällt alsbald in einen tiefen Schlaf.

Die Wirtsleute haben währenddessen die Theke gesäubert und den Raum gefegt. Der Hausherr geht nun in die Scheune, um das Pferd des Soldaten abzusatteln. Nicht mit dem Blick eines Kenners, sondern mit den Augen eines Berechnenden erkennt er, dass es ein stolzes Tier ist. So ein Pferd sieht man selten, trotz der Reiterei, die hier regelmäßig einkehrt. Es muss ein Vermögen gekostet haben. Erstaunt bleiben seine Augen an dem Lederbeutel hängen, der am Sattel befestigt ist. Warum der Soldat seine Besitztümer nicht mit in den Schlafraum genommen hat, ist ihm schleierhaft. Er entknotet die Schnur, wiegt die schwere Tasche in der Hand und öffnet sie. Ihm bleibt der Atem weg. Eine Geldkatze voller Gold und Silber, die ihm trotz der Dunkelheit im Stall entgegenfunkeln! Schnell verschnürt er den Lederbeutel mit seinen Schätzen, dreht sich um und sucht den Raum mit den Augen ab, bevor er die Geldkatze unter seinen Kittel schiebt. Sein Herz rast wie wild, und tausend Gedanken überrollen ihn gleichzeitig. Sein Entschluss ist gefasst, denn die Gier lenkt fortan seine Handlung. Diesen unglaublichen Schatz muss er behalten! Er tut einen tiefen Atemzug und geht zurück in den Schankraum. Dort flüstert er seiner Frau zu und erzählt ihr, was er unter seinem Kittel verborgen hält. Mit jedem Wort weiten sich die Augen der Wirtin. Das Verlangen nach Geld, dem einzig Beständigen in diesen unruhigen Zeiten, ist bei ihr ebenso groß wie bei ihrem Mann. Zusammen hecken sie einen teuflischen Plan aus.

Das wenige Schmalz, das sie noch haben, ist schnell erhitzt. Auf der verbliebenen Glut köchelt es in einem Topf. Mit

Der Heimkehrer:
Das Kreuz fällt
kaum auf

einem Lappen in den Händen nimmt die Wirtin das Gefäß von der Feuerstelle. Auf leisen Sohlen schleichen sie sich die Stiege hoch. Oben angekommen, harren sie in der Dunkelheit aus, bis sich ihre Augen daran gewöhnt haben und das laute Schnarchen ihnen verrät, dass der Gast in einen tiefen Schlaf versunken ist. Schemenhaft können sie seine Konturen erkennen. Sie treten vorsichtig näher und sehen seinen offenen Mund, von dem ein Speichelfaden am Kinn herunterläuft. Die Wirtsleute schauen sich an und nicken kaum merklich mit dem Kopf. Jetzt geht alles blitzschnell. Während der Wirt dem Söldner die Nase zuhält, gießt die Frau das kochende Schmalz in seine Kehle. Dann drückt der Mann ein Kissen auf das Gesicht des Soldaten und stemmt sich mit seiner ganzen Muskelkraft auf den Söldner, bis er sich sicher ist, dass das kochende Fett und die mangelnde Atemluft sein Leben zum Stillstand gebracht haben.

Die ganze Nacht haben sie kein Auge zugetan. Nachdem sie den leblosen Körper in den Gewölbekeller getragen und dort notdürftig verscharrt hatten, kamen ihnen die ersten Zweifel. Wird ihre Rechnung aufgehen? Sie sitzen im Schankraum und flüstern sich zu, obwohl keine lebende Seele mehr in der Nähe ist. Allmählich setzt die Dämmerung ein, und von der Straße dringen die ersten Geräusche nach innen. Ein Fuhrwerk, das seine Ware klappernd an den Zielort bringt, ein Hund, der bellt. Bei jedem Geräusch schrecken sie zusammen, setzt ihre Atmung aus, bis auf den Gassen wieder Ruhe eingekehrt ist. Sie werden ihr Tagewerk so verrichten wie immer, nur um keinen Verdacht zu erregen. Sie erheben sich. Die Wirtin wird die wässrige Kohlsuppe ansetzen, während ihr Mann Holz richten soll. Auf einmal poltert es laut an der Tür. Augenblicklich überrollt sie eine Welle der Furcht. Sie fühlen sich wie gelähmt, unfähig, auch nur einen klaren Gedanken zu fassen. Wieder hämmert es laut an der Tür.

»Aufmachen! Ich habe eine wichtige Nachricht für meinen Herrn!«
Der Wirt reagiert zuerst und zischt seine Frau an: »Wir machen es wie besprochen. Geh in die Küche!« Zur Tür gewandt schreit er laut hörbar: »Ich komme ja schon!«
Die nächsten Schritte sind mit die schwersten seines Lebens, doch er zwingt sich, sie ruhig zu gehen. Er schiebt den Riegel auf und öffnet die Tür einen Spaltbreit. Mit seinem Fuß drückt er dagegen, damit er im Notfall die Tür schnell wieder verschließen kann. Vor ihm steht ein junger Soldat, der noch nicht im Mannesalter ist.
»Was möchtest du?«, fragt er ihn misstrauisch.
»Ich möchte zum Korporal. Er war gestern im Schankraum und hat bei euch übernachtet. Es ist dringend. Ich muss ihm eine Botschaft übermitteln.«
Obwohl er noch jung an Jahren ist, blickt ein forsches Augenpaar den Wirt an. Es ist gezeichnet von dem Unbegreiflichen des Krieges und seinen Gräueltaten. Alte Augen, die Schlimmes gesehen haben.
»Niemand hat hier übernachtet! Jetzt geh wieder!«
Schon möchte der Wirt die Tür zuschlagen, doch der Junge schiebt seinen Fuß in den Spalt.
»Das kann nicht sein. Er wollte euch doch überraschen!«
»Ich sag doch, hier ist niemand! Was meinst du mit überraschen?«
Und bevor der Junge spricht, ahnt der Wirt, dass sich etwas Schreckliches über seinem Kopf zusammengebraut hat und dabei ist, sich mit voller Wucht zu entladen.
»Mein Herr ist doch euer Sohn.«

Den Kindsmord, den die Wirtsleute begangen haben, hat sie in den Wahnsinn getrieben. Während sich der Wirt erhängte, sprang seine Frau in einen Brunnen und ertrank.

Was ist überliefert?

Mehrere Sagen sind überliefert. Mal überbringt der Laufbursche des Soldaten die Schreckensnachricht, mal ein Bekannter. Es wird als Mordwaffe Öl verwendet oder Schmalz. Doch immer ist von einem Kindsmord die Rede. Nach dem Suizid der Eltern soll es in dem Anwesen gegeistert haben. Nur durch die Anbringung eines Heiligenbildes an der Giebelseite des Hauses konnte der Spuk gebrochen werden.

Wo befindet sich das Denkmal?

Das Kreuz befindet sich in der Pfauenstraße 15 in Titisee-Neustadt. Von der Straße aus kann man es gut erkennen, auch wenn es unter dem Putz kaum auffällt.

Und als es nun um Mitternacht war, Frau Wirtin zu dem Manne sprach: Wir wollen's den Reiter mordieren. Frau Wirtin lief mit allem Fleiß, und macht ihr Schmalz im Pfännlein heiß, und schütt's dem Reiter in den Hals.

(Moritat aus Titisee-Neustadt)

Der Bildstock Bockseckle

Ein besonders kunstvoller Bildstock befindet sich auf der Gemarkung Schapbach, ganz in der Nähe des Klosters Wittichen. Umsäumt von den dunklen Tannen als Begleitern, steht er mittlerweile schief auf seinem Sockel, als hätten die geheimnisvollen Geschehnisse ihren Tribut gefordert und seine Statur zum Beugen gebracht.

Schapbach – um 1565

Der Vater liegt im Sterben. Um ihn herum versammelt stehen seine zwei Söhne und der Knecht. Die Mutter, die vielen Töchter und Mägde stehen dahinter. Sie alle blicken ängstlich auf das Sterbebett, in dem der Alte liegt. Es ist später Abend. Einzig ein Kienspan erhellt den Raum notdürftig. Die Konturen des Vaters können sie nur schemenhaft erkennen. Das Bett scheint ihn bereits verschlungen zu haben. Doch seinen Lebenskampf, ein elendes Röcheln, das ab und an die Stille durchbricht, können sie deutlich hören. Ihre Sorge gilt nicht dem Alten selber. Zeit seines Lebens war er ein jähzorniger und unberechenbarer Mann gewesen, vor allem, wenn er in Rage geraten war. Ihre Beklemmung ist der geänderten Erbfolge geschuldet. Das nahende Ende erahnend, hat der Alte vor einigen Tagen das ausgesprochen, was fast alle befürchtet haben: Nicht wie üblich der Jüngste, der Hofengel, soll den Hof erben, sondern der älteste Bruder. Sein Lieblingssohn. Noch atmet der Vater, ihren Krieg können die Brüder nicht offen ausleben. Außerdem ist der letzte Wunsch eines Sterbenden heilig. Ein letztes Aufbäumen, ein endgültiges Schnaufen. Alle schrecken aus ihren Gedanken hoch, um die Schatten des Alten anzuschauen, der mit weit aufgerissenen Augen seine Angehörigen anstarrt. Ein gespenstischer Blick, mehr tot als lebendig, aus zwei tiefen Augenhöhlen, als wollte er noch ein letztes Mal seinem Willen Ausdruck verleihen. Die Zeit steht still. Die Blicke der Brüder treffen sich, fast zufällig, und doch bleiben sie aneinandergeheftet. Das eine Augenpaar triumphierend, das andere hasserfüllt. Bis der Kienspan erlischt und nur noch Dunkelheit im Raum herrscht. Schnell beeilt sich die Magd ein neues Holzstückchen an der Halterung festzuklemmen. Nur spärlich erhellt das Feuer den Raum, doch genug, um zu sehen, dass der Vater verstorben ist. Gott habe seine Seele gnädig. Die Angehörigen bekreuzen sich, von der Mutter ertönt ein unterdrücktes Schluchzen. Die zwei Augenpaare treffen sich wieder. Die Messer sind gewetzt.

So oder so ähnlich hätten sich die Geschehnisse um 1565 abspielen können. Vielleicht war die Geschichte eine ganz andere. Das ist heute nicht mehr nachvollziehbar, denn wenig wurde überliefert. Erzählt wird, dass sich zwei Brüder bei der Teilung des väterlichen Erbes hintergingen. Damals galt in vielen Regionen des Schwarzwalds das Anerbenrecht. Ein landwirtschaftliches Anwesen wurde ungeteilt einem einzigen Erben vermacht, meist dem jüngsten Sohn, auch Hofengel genannt, damit es als geschlossenes Gut erhalten blieb und somit eine Lebensgrundlange für die nächste Generation bot. Dem Jüngsten das Hofgut zu übertragen hatte den Vorteil, dass die Altbauern lange das Sagen hatten, bevor sie sich auf das Altenteil

Der Bildstock Bockseckle: magische Ausstrahlung

Filigran gearbeitete Handwerkskunst – Rechte Seite: Das Hemd des Wiedergängers

zurückzogen. Der Jungbauer war verpflichtet, die Eltern zu versorgen. Bis ins kleinste Detail wurde vertraglich geregelt, welche Abgaben er zu leisten hatte: wie viele Sester Roggen und Hafer, welche Mengen Butter, Milch, Brot, Speck und Holz. Die älteren Geschwister arbeiteten dann oft als Knecht oder Magd auf dem Hof des jüngsten Bruders.
Wir können daher vermuten, dass die Erbfolge zu Streitigkeiten führte. Der eine Bruder, der »Bonett«, soll sich an der Stelle, an der der Bildstock steht, das Leben genommen haben. Damit seine Seele Ruhe findet, hat der andere das Denkmal errichten lassen. Selbstmord galt damals als lästerliche Schandtat. Und so war es nicht verwunderlich, dass schnell erzählt wurde, der »Bonett« geht als Wiedergänger um. In einem weißen Hemd soll er vor allem nachts Schrecken verbreiten. Dazu verdammt, umherzuschweifen, führt er arglose Wanderer in die Irre, verfolgt sie und springt ihnen sogar in den Rücken! Bis heute. Also Wanderer: aufgepasst!

Die Geschichte könnte bereits enden, genug Leid ist an dieser Stelle passiert. Doch die Erzählungen gehen weiter … Knapp zwei Jahrhunderte später, im Jahre 1753, setzt der Fürstenbergische Jäger Johannes Marck seinen Filzhut auf und nimmt das Jagdgewehr in die Hand. In letzter Zeit musste er immer wieder feststellen, dass in den Wäldern nahe dem Kloster Wittichen Wilderer ihr Unwesen treiben. Seine Frau versucht, ihn mit aller Kraft in der Wohnstube zurückzuhalten. Doch Johannes Merck gilt als Mann, der seine Pflichten ernst nimmt: Auf frischer Tat wolle er die Wilddiebe

erwischen. Und der volle Mond, der hell hinter den Tannen leuchtet, bietet ihm in dieser lauen Frühlingsnacht eine gute Gelegenheit, für Recht und Ordnung zu sorgen. Kaum ist er an der Stelle angekommen, ertönt vom Waldrand ein Schuss und ein Hirsch fällt auf das Gras. Furchtlos nimmt der Jäger sein Gewehr zur Hand und gibt sich zu erkennen.
»He da! Wer hat geschossen?«
Da durchlöchern tödliche Schüsse seine Brust. Er ist augenblicklich tot. Nachdem die vier Wilderer die Wertsachen des Jägers an sich genommen haben, lassen sie den leblosen Körper an Ort und Stelle liegen, wo er am nächsten Morgen von Waldarbeitern gefunden wird.

Noch im selben Jahr werden zwei Wilderer gefasst, die ihre Haft im Hungerturm der Stadt Wolfach, einem düsteren mittelalterlichen Verlies, verbringen müssen, bevor sie vor ein Malefizgericht treten. Auf öffentlicher Straße, vor dem Rathaus, findet die Verhandlung statt. Die Brüder Hans und Georg Bühler werden verurteilt: »Mit Strang vom Leben zum Dodt und die Leichname sollen mit dem Rad zerbrochen werden.« Doch die Hinrichtung kann nicht am Galgengrün, außerhalb des betriebsamen Flößerstädtchens Wolfachs, vollstreckt werden, wie sonst üblich. Fürchterliche Herbststürme wüten über dem Kinzigtal, und die Flüsse sind über die Ufer getreten. Kurzerhand beschließt man, die Vollstreckung in die Stadt, an den Herrengarten, zu verlegen. Ein grausames Schauspiel, das viele Menschen von nah und fern anzieht. Der Scharfrichter entschuldigt sich bei den Verbrechern für die Exekution, die er der Gerechtigkeit willen vollbrin-

Mystisch und dunkel
wie in einer Ballade

gen muss: »Kurze Not, sanfter Tod, Gnad bei Gott.« Die Worte ändern nichts an der Endgültigkeit des Urteils. Der Henker legt ihnen die Schlingen um den Hals und zieht die Leitern weg. Die anderen beiden Mittäter werden 1757 und 1761 gefasst. Auf Josef Rinkwald und Georg Mayer wartet ein ähnliches Schicksal: Enthaupten und Rädern.

Was ist überliefert?

Wir wissen nicht viel. Es rankt sich die Sage um ein Zerwürfnis bei der Teilung des väterlichen Erbes. Eine der Inschriften auf dem Fuß des Bildstocks nennt den Namen Vilip Dreer, der 1565 Pfarrer in Schapbach war. Daher kann das Kleindenkmal auf dieses Jahr datiert werden, auch wenn manche Quellen das Jahr 1583 angeben. Das mannshohe Denkmal überrascht mit seiner formvollendeten Verarbeitung. Der vierkantige Fuß ruht auf einem mächtigen Sockel und trägt eine elegante Renaissancesäule, die in einem Kapitell (»'s Käschtle«) ihren Abschluss findet. Ein Kunstwerk.

Wo befindet das Denkmal?

Auf dem Querweg Gengenbach-Alpirsbach geht man von Schapbach aus in Richtung Kloster Wittichen. Wer denkt, der Schwarzwald ist ein Mittelgebirge aus sanft ansteigenden Erhebungen, wird eines Besseren belehrt. Es geht einfach nur steil nach oben. Kurz vor der Emilhütte steht das Denkmal auf der linken Seite, abseits des Wanderwegs. Sehr zu empfehlen ist der Besuch von Wittichen, das sich in einem engen Seitental versteckt. Die Klosterkirche ist ein Schmuckstück und noch heute von Wallfahrern rege besucht.

Die Näherin auf dem Schnaitberg

Das Kreuz steht nur 500 Meter von dem beliebten Ausflugsziel der Kornebene, und doch ist es schwer zu finden, denn es liegt im Verborgenen, abseits eines Wanderwegs, gebettet im weichen Moos. Nur das Schild Näherinkreuzweg deutet darauf hin, dass sich oberhalb des Pfades der Sandstein befindet. Auf einer kleinen Anhöhe steht das Denkmal, umgeben von Nadelbäumen als Begleitern. Eine verwitterte Bank lädt zum Ruhen ein. Der verwunschen wirkende Ort strahlt Frieden aus, dabei zeugt das Steinkreuz vom harten Leben der Handwerker »auf der Stör«. Wie alle Wanderarbeiter zogen sie von einem Hof zum anderen auf der Suche nach Arbeit. In ihren Krätzen lagen nicht nur ihre Waren und ihr handwerkliches Geschick, sondern sie beförderten die neusten Nachrichten und den begehrten Tratsch zu den abgeschieden lebenden Menschen auf den einsamen Höhen der Schwarzwaldberge. Trotzdem genossen die Handwerker ein geringes Ansehen und wurden schlecht entlohnt. So begleitete auch oft die Armut die Schritte der Wanderarbeiter.

Schnaitberg – 1652

»Die hier kannst auch noch stopfen.« Die Bäuerin schaute Katharina streng an und reichte ihr ein paar Strümpfe.
»Ich dachte, wir wären schon fertig. Es dämmert schon, und ich habe noch einen langen Weg.« Katharina saß auf einem Stuhl nahe der Fensterbank, um das wenige Licht einzufangen, das an dem Abend noch schien. Sie hatte mit ihrer Arbeit innegehalten und schaute die Hausherrin hoffnungsvoll an.
»Du kannst hier auf der Ofenbank übernachten. Morgen früh kannst du dann los.« Die Bäuerin setzte einen gereizten Gesichtsausdruck auf. Als Herrscherin des Hauses war sie es nicht gewohnt, dass man ihr widersprach.
»Das geht nicht. Ich muss los.« Katharina hatte ihren ganzen Mut zusammengenommen.
»Wo musst du denn zu so später Stunde noch hin?« Sie hatte die Augen verengt und schaute prüfend das junge Mädchen an.
Bloß nichts anmerken lassen, dachte Katharina, und ließ die Begutachtung über sich ergehen. Die Bäuerin durfte auf keinen Fall ihr Geheimnis erraten. Es lag warm und pochend unter ihrem Herzen. Sie zwang sich, dem prüfenden Blick standzuhalten.
»Ich habe Arbeit.« Schnell fügte sie noch hinzu: »Die Strümpfe stopfe ich noch und dann gehe ich. Auch wenn es dunkel ist, ich kenne den Weg.«
Ein Grunzton bezeugte die Ablehnung der Alten. Sie schaute Katharina kopfschüttelnd an, drehte sich um und verließ die Stube. Sobald die Bäuerin gegangen war, stieß das Mädchen die Luft hörbar aus. Sie war angespannt. Ein Knistern loderte in ihrem Inneren wie ein wild entfachtes Feuer auf dem Herd. Rasch führte sie ihre Arbeit aus, sammelte ihre wenigen Sachen und packte ihre Tasche. Sie ging in die Rauchküche, in der die Bäuerin die

Das Näherinkreuz:
verborgen im Wald

Das Kreuz steht oberhalb des Wegweisers

Magd gerade mürrisch zurechtwies.
»Pass doch auf, du verschüttest noch das Fett.«
Das war Katharina gerade recht. Die Alte war so aufgeregt, sie würde ihr keine Fragen mehr stellen. Doch sie hatte sich getäuscht.
»Bist du fertig? Jetzt hast du mir immer noch nicht verraten, wo du hingehst.« Sie blickte vom Herdfeuer auf, kramte in ihrer Schürze und holte ein paar Groschen heraus. Sie reichte sie Katharina.
»Nach Nordrach. Dort habe ich gleich bei mehreren Bauern Arbeit.« Das Mädchen versuchte, ihrer Stimme einen unverfänglichen Klang zu geben, und griff nach den Münzen. »Habt Dank und gehabt Euch wohl.« Schnell drehte sie sich um und verließ das Haus.
Die Sonne hatte ihren heutigen Lauf soeben erst beendet. Noch zeichneten warme Töne den Himmel, doch die Dunkelheit würde sich bald durchsetzen und die Landschaft in schwarze Schattierungen versenken. All das nahm Katharina nicht wahr. Zielstrebig schlug sie den Pfad ein, der auf die Kornebene führte. Die Unruhe, die sie vorhin in der Stube verspürt hatte, verstärkte sich mit jedem Schritt. Ihr schien, als würde die Anspannung ihre gierigen Finger nach ihr strecken und ihren Bauch zudrücken. Sie hielt kurz an und holte mehrmals tief Luft. Doch das half nicht, ihre Beklemmung zu vertreiben. Wie würde ihr Severin reagieren? Würde er sich zumindest ein wenig freuen? Gedankenverloren strich sie mit der Hand über ihren Bauch und lief dann weiter.
Sie wusste, dass er momentan damit beschäftigt war, in der Nähe der Kornebene einen neuen Meiler aufzusetzen. Er macht die beste Holzkohle weit und breit, dachte sie stolz. Das Trockenholz schich-

tete er so dicht wie möglich um einen offenen Feuerschacht. Bevor er einen Brand entzündete, wurde der Meiler mit Erde und Grasnarben abgedichtet. Mehrere Wochen verbrachte er dann im Wald und hielt Wache, sein Bauwerk immer im Blick, damit das Holz zu Kohle verschwelte und nicht verbrannte. Ab und an kam seine Familie vorbei, damit Severin einige Stunden schlafen konnte. Und genau das war das Problem. Sie musste den genauen Zeitpunkt abpassen, damit sie seiner Frau nicht in die Arme lief. Beim Gedanken an sie lief ihr kalter Schweiß den Rücken hinunter. Sie hatte sie nur wenige Male aus der Ferne gesehen, doch sie fand, sie sah aus wie ein Stück Schwarzwaldkohle, das Severin hergestellt hatte. Ihre weißen, gespenstischen Augen schauten die Welt aus einem verschrumpelten, dunklen Gesicht an. Kein Wunder, dass der Köhler ihre Frische liebte. Und doch überrollte eine Woge der Unruhe ihren Körper und ließ kein Fleckchen aus. Ihr war kalt und heiß zugleich.

Der Ruf eines Waldkauzes schreckte sie aus ihren turbulenten Gedanken hoch. Erst jetzt merkte sie, dass sie bereits in der Nähe der Kornebene stand. Ihre Augen hatten sich so an die Dunkelheit gewöhnt, dass sie rasch vorangekommen war. Sie blieb stehen und hörte in die Nacht hinein. Hier irgendwo musste er sein. Sie blickte auf und suchte den Himmel nach dicken Rauchschleiern ab. Ihnen musste sie dann nur nachgehen. Doch sie sah nichts, außer den Mond, der blass hinter den Wolken schimmerte. Demnach hatte der Köhler seinen Meiler noch nicht entzündet. Sie wickelte sich fester in ihren Umhang und schlug mit geschärften Sinnen den Weg nach Nordrach ein. Irgendein Zeichen würde seinen Standpunkt verraten, dachte sie voller Hoffnung. Kaum hatte sie den Gedanken gefasst, hörte sie in der Ferne ein Pfeifen. Das musste ihr Severin sein, der unbekümmert seine Melodie in den Wind pfiff. Mit dem festen Glauben an eine gemeinsame Zukunft und dem zärtlichen Gefühl der Liebe im Herzen lief sie in die Richtung, aus der das Pfeifen tönte. Und da sah sie ihn schon aus der Ferne. Katharina versteckte sich hinter einem mannshohen Sandstein, denn sämtliche Tannen waren der Holzgier schon längst zum Opfer gefallen. Eine Weile beobachtete sie den Köhler, bis sie sicher war, dass er alleine war. Er hatte sich nun auf ein Holzscheit gesetzt, zu seinen Füßen glommen die Reste eines Feuers, die ihn nur schwach erhellten. Doch genug, um seine Silhouette zu erkennen. Er trug das kinnlange Haar offen. Mit der Hand steckte er eine widerspenstige Locke hinter das Ohr und kramte in seiner Hosentasche. Wahrscheinlich sucht er nach seiner Holzpfeife, dachte Katharina mit einem Lächeln auf den Lippen. Ihr Herz

war voller Liebe und tanzte vor Verlangen wie ein Schmetterling, der auf einer Sommerwiese flattert. Langsam kam sie aus ihrem Versteck hervor und näherte sich dem Köhler.
»Severin.« Mehr brachte sie nicht hervor. Ihre Kehle war trocken.
»Katharina! Was machst du denn hier?« Verwundert schaute er das Mädchen an. Er stand auf und breitete die Arme aus. Schnell rannte sie zu ihrem Liebsten und schmiegte sich an seinen warmen Körper. Seine starken Arme verschmolzen mit ihrem Rücken, und ein Gefühl der Geborgenheit breitete sich ihn ihr aus. Sie waren eins, endlich. Den ganzen Tag hatte sie darauf gewartet.
»Ich muss dir etwas sagen. Severin, ich erwarte ein Kind.« Sie hatte die Worte in seine Halsbeuge geraunt. Ein leises Wispern, in dem ihre zärtliche Sehnsucht lag und das der Wind zu ihm trug. Bevor sie ihn anschauen konnte, merkte sie jedoch, wie sich sein Körper plötzlich veränderte. In nur einem Wimpernschlag verhärtete sich seine Brust und er wich zurück. Eine tiefe Spalte hatte sich auf seiner Stirn gelegt.
»Was sagst du da?« Ungläubig schaute er sie an und verzog seinen Mund. Er trat noch einen weiteren Schritt zurück, und mit jedem Zoll Abstand zwischen ihnen schmolz die Sicherheit, die sie eben noch gefühlt hatte. Er sah sie jetzt aus schwarzen, stechenden Augen an.
»Warum hast du nicht aufgepasst?« Seine Worte gellten durch die Nacht.
»Aber Severin!« Schon unterbrach er sie. »Wer sagt denn, es ist von mir?« Erbost funkelte er sie an und verschränkte die Arme vor seiner Brust. »Hübsch genug bist du ja, dass die Kerle dir hinterherlaufen wie rollige Hunde.«
Sie spürte, wie sich seine Verachtung in ihr Herz fraß. Ihr Leben war dabei, aus den Fugen zu geraten. Um dem Schlund, der sich unter ihren Füßen öffnete, zu entlaufen, rannte sie völlig verstört zum Köhler und hängte sich an seine verschränkten Arme.
»Severin, natürlich ist es dein Kind, das ich unter dem Herzen trage. Bitte Severin, lass mich nicht alleine. Bitte!«
Ihre Stimme hatte einen panischen Unterton bekommen und war nur noch ein schriller Laut. Er drückte sie von sich weg, doch sie hängte sich immer wieder an ihn, klammerte sich mit ihren Armen an das Leben, das sie sich ausgemalt hatte. Und da spürte sie auf einmal, wie sich seine sonst weichen, warmen Hände um ihren Hals legten und eiskalte Finger zudrückten.

Was ist überliefert?

Laut einer Sage soll ein Köhler eine Näherin, mit der er ein Verhältnis hatte, getötet und ihre Leiche in den Kohlenmeiler geworfen haben. Später fand man ihre Knochen unter den Holzkohlen. Der Mörder wurde hingerichtet und, wie damals üblich, ein Kreuz zur Sühne aufgestellt. Eine andere Sage besagt, dass eine Näherin ein Kind erwartete und von ihrem Geliebten umgebracht wurde.

Wo befindet sich das Denkmal?

Ungefähr 500 Meter von der Kornebene Richtung Nordrach entfernt, beim Übergang vom Haigerachtal zum Nordrachtal. Das Kreuz steht rechts oberhalb des Wegweisers Näherinkreuzweg. Nachdem der rechte Arm auf den Boden gefallen war, wurde er wieder befestigt. Auf der Rückseite soll früher eine Schere eingeritzt gewesen sein. Beim Naturfreundehaus Kornebene kann man gemütlich einkehren. Gerade im Sommer ist die Gastwirtschaft ein beliebtes Ausflugslokal.

Afra von der Holzebene

Ihr Herz in nur einem Wimpernschlag zu verschenken, bedingungslos, unbedacht, und dafür den Rest ihres Lebens ein schwer zu tragendes Los zu erdulden. Das ist die tragische Geschichte von Afra, festgehalten von dem bekannten Heimatschriftsteller Heinrich Hansjakob.

Schenkenzell – 1860

Eine sonnige Hochebene und ein Himmel, der in die Bergwiese fließt. In der Ferne erhebt sich das grüne Band der Tannen, Fichten und Kiefern, die im Wind tanzen. Sie stehen wie die Hüter einer Grenze zwischen zwei Welten. Inmitten dieser malerischen Landschaft steht ein Hof, wie ein Farbklecks auf einer Naturleinwand. Doch das friedliche Bild täuscht. Auf der einsamen Berghöhe ist das Leben beschwerlich. Schon im Sommer verirren sich nur wenige Wanderer auf die Lichtung, der Winter ist still. Die schwere Schneelast begräbt das wenige Leben, das es hier gibt. Die Bewohner des Hofs leben abgeschieden, fern dem Städtle, das sich tief im Tal verbirgt und an die Kinzig schmiegt, fern der gemeinschaftlichen Freuden, fern der menschlichen Wärme. Die Pflichten rufen den Vater oft außer Haus. Die Felder müssen bewirtschaftet und das Holz muss geerntet werden. Die Menschen hier leben von der Flößerei, von den mächtigen Holzriesen, die den Schwarzwald auf seinen Wasseradern verlassen.

Vielleicht ist es auch die Mutter, die den Vater flüchten lässt. Unzufrieden mit ihrem Leben, hat sich ihre Bitterkeit in Bosheit verwandelt. Den Mund verzogen, die dünnen Lippen aufeinandergepresst, zetert und keift sie den ganzen Tag lang. Eine Welle des Missmuts und der Übellaunigkeit, die über ihre Töchter rollt. Sonst ist ja niemand da, auf der stillen Waldlichtung. Und so wachsen die Mädchen Afra und Mariev in einer Welt ohne Freude auf, in ihrem Herzen fehlt die Wärme. Die Arbeiten, die auf einer einsamen Berghöhe anfallen, bestimmen ihren Tagesablauf. Keine Lichtstube, zu der sie gehen dürfen, kein Fest, auf dem sie tanzen können. In den Augen der Mutter sind das alles Orte der moralischen Gefährdung und der liederlichen Unsittlichkeit. Jahrelang wachsen die Mädchen abgeschieden und weltfremd auf. Mit den bitteren Klagen der Mutter in ihren Ohren und der eigenen Hoffnungslosigkeit in ihren Träumen.

Es ist die Zeit um Johanni 1860, die Sommersonnenwende, in der die Tage über die Nächte herrschen. Die Zeit des Lichts und der Erneuerung, der Farben und der sinnlichen Düfte. Der Vater beauftragt Afra, in aller Frühe das erste Gras am Waldrand zu mähen. Er hat keine Zeit, das Holz muss für den Händler gerichtet werden. Sein Mädchen, mittlerweile schon eine junge Frau, kann sowieso »schaffe wie a Ma«. Noch glitzert der Morgentau auf der Matte, schon macht sich Afra an die kräftezehrende Arbeit. Sie steht in leicht gebückter Haltung auf der steilen Bergwiese und schwingt gekonnt die Sense, die zum Rhythmus ihres Körpers tanzt und leicht durch das noch feuchte Gras gleitet. Nur das Zwitschern der Vögel begleitet das regelmäßige Rauschen der Sense. Ganz auf ihre Arbeit konzentriert, wird sie plötzlich von einem Singen aufgeschreckt. Sie hält inne und schaut mit zugekniffenen Augen in den Wald hinein. Schweißtropfen benetzen ihr Gesicht und behindern kurzzeitig die Sicht. Doch kurze Zeit später sieht sie einen stattlichen Burschen in Bauerntracht aus dem dunklen Grün treten, das Gewehr über die Schulter gelegt. Im ersten Augenblick ist sie erstaunt, auf der einsamen Lichtung einen jungen Mann zu sehen, doch die Neugierde siegt. Wortgewandt und charmant verwickelt er sie schnell in ein Gespräch. Ihre Luft ist sogleich erfüllt mit einer Sorglosigkeit, die Farbe in ihre Welt bringt. In ihrem Kopf sprießen zarte Träumereien, und in ihrem Herzen wirbeln ungeahnte Sehnsüchte.

Dabei ist der junge Mann der berüchtigte Toni aus dem Heubachtal, ein Floßknecht und Wilderer, der es mit den Gesetzen nicht sehr ernst nimmt. Doch diese Gedanken schiebt Afra beiseite. Überzeugend deklariert der Wilderer: »Was im Wald lebt, im Wasser schwimmt oder in der Luft fliegt, gehört allen Menschen.« Auch Toni ist verzaubert: Afras Augen blicken unberührt in die Welt, und ihre Lippen leuchten so rot wie zuckersüße Himbeeren. Es folgen Blicke, die sich ineinander verlieren, und verbotene Treffen. Nachts ertönt vom Waldrand ein Ruf. Ihr geheimes Zeichen, dass Toni auf sie wartet. Die Sehnsucht verleiht Afra Flügel, und sie springt aus dem Fenster zu ihrem Toni. Ihre gemeinsame Welt ist die Bergwiese, sie breitet weit ihre Arme aus und empfängt die Liebenden. Der Mond strahlt auf ihre Zärtlichkeiten, und die Sterne regnen auf sie herab.

Doch Lieben heißt Leiden, die Grenzen sind fließend. Der Rest der Geschichte ist kurz erzählt. Gerüchte verbreiten sich wie der Wind, je einsamer die Gegend, desto schneller. Die Mutter erfährt zufällig, dass ihre Tochter dem Wilderer ihre Ehre gelassen hat. Wie ein Blitz entlädt sie ihren Zorn auf Afra und vertreibt sie mit Schlägen immer wieder aus dem Haus. Trost findet Afra ab und an bei ihrem Toni, der sie auf der einsamen Berghöhe besucht. Er verspricht dem Mädchen, der Schande ein Ende zu bereiten und sie zu ehelichen. Doch in ihrer Bosheit willigt die Mutter nicht ein, der Vater ordnet sich unter. Und ohne ihr Einverständnis können die Liebenden nicht heiraten. Auch nicht, wenn sich Afras Bauch schon wölbt und man ihren Fehler deutlich sehen kann. Afra lebt in einer Zeit, in der Mädchen nicht rebellieren. Von ihrer Familie verachtet, von Fremden verhöhnt, unterwirft sie sich der Mutter und erträgt als stille Dulderin ihr grausames Schicksal. Es kommt noch schlimmer. Ihr Toni heiratet ein anderes Mädchen. Von ihren einstigen Sehnsüchten sind keine Brotkrümel mehr übriggeblieben. Ihre Liebe kann sie fortan nur ihren Zwillingsmädchen schenken.

Der Vater stirbt, die Schwester heiratet und zieht weg. Auf dem einsamen Hof leben nur noch Afra, ihre Mädchen und die Mutter mit ihren Gemeinheiten. Es vergeht kein Tag, an dem Afras Schuld nicht breitgetreten wird. Wie in einem dicken Haferbrei rührt die Alte täglich die vergangenen Geschichten auf und hält sie warm in den Erinnerungen. Afras Herz ist mittlerweile versteinert, doch das der Zwillingsmädchen ist übervoll mit den Sticheleien, die sie erdulden müssen. Und so langsam öffnet sich ein Schlund, der ihre Seelen nach unten zieht. Zuerst wird die eine Tochter in die Heilanstalt Illenau geschickt, doch ihre Schwermut begleitet sie fortan ein Leben lang, auch nachdem sie wieder nach Hause kehrt. Die andere Tochter wird von zwei Männern im Wald überfallen und missbraucht. Rechtlos, wie sie sich fühlen, erdulden sie auch dieses Schicksal, ohne die Schandtat anzuzei-

Afras Kreuz auf der Holzebene

gen. Nun muss auch diese Tochter nach Illenau. Es vergehen wieder Jahre, die Großmutter ist mittlerweile verstorben. Afra und ihre Zwillingsmädchen leben einsam und zurückgezogen auf der Berghöhe. Die keifende Alte ist zwar nicht mehr unter ihnen, doch ihr Vermächtnis tragen sie bis zu ihrem letzten Atemzug in ihren malträtierten Herzen.

Wo befindet sich das Denkmal?

Das markante Kreuz mit der Christusfigur, das weit über drei Meter hinaufragt, steht auf der Holzebene in Schenkenzell. Am besten man fährt über die Straße Hochberg.

Juditha Oberföll, genannt Afra, hat das Denkmal noch zu ihren Lebzeiten erstellen lassen, als ihre Kinder nach ihrem Aufenthalt in der Heilanstalt wieder nach Hause kamen. Ein bewegendes Schicksal von erduldetem Leid, das zu viele Frauen zu früheren Zeiten erleben mussten.

Es ist vollbracht.

(Inschrift auf dem Sockel)

Gestiftet von der Erdulderin

Das Steini-Kreuz: Wanderer, aufgepasst – ein fliegender Hut sollte nicht aufgefangen werden

Das Steini-Kriz – 1717

In unmittelbarer Nähe, nur einen Steinwurf entfernt von Afras Denkmal, steht ein mannshohes Kreuz auf dem Scheitel des Hochbergs. Es ist schwer zu finden, der Wald hat sich wie ein dunkler Umhang um den Stein gelegt. Hat man es gefunden und liest die Inschriften, so kann man den Anfang einer interessanten Geschichte vermuten. Die überlieferte Sage macht es zu einem besonderen Denkmal.

Die Initialen HIG und die Jahreszahl verraten uns, dass der damalige Dorfmüller, Hans Jakob Gehring, das Kreuz 1717 errichten ließ. Wendet man den Blick auf die wuchtige Sockelplatte, so sieht man tiefe Kerben, die die Grundstücksgrenzen von zwölf ehemaligen Waldbesitzern markieren. Manche Ritze haben spitze Winkel und lassen darauf schließen, dass die Flächen, die steil die Abhänge des Hochbergs hinunterlaufen, schmal waren. Noch heute so, und damals sicherlich nicht anders: Wo viele sich auf engem Raum Eigentum teilen, kommt es zu Streitigkeiten. Die Sage erzählt uns, dass es die zahlreichen Waldbesitzer auf dem Hochberg mit der Einhaltung der Grenzen nicht so genau nahmen. So mancher Baum wurde gefällt, obwohl er beim Nachbarn stand. Die Verlockung war zu groß und die Ausweitung der eigenen Grenzen, bevor es Ortungssysteme gab, einfach. Das brachte regelmäßig Streit zwischen den Eigentümern. In einer gemeinsamen Versammlung wurde daher beschlossen, die Grenzen in einem Lageplan genau festzulegen und sich mit einem Eid auf die Einhaltung zu verpflichten. Alle waren sich einig, bis auf einen, der die Versammlung wutentbrannt verließ. In seinem Zorn vergaß er seinen Hut. Die Regelung kam trotzdem zustande, hielt aber nur kurz, der nächste Waldfrevel ließ nicht auf sich warten. Seitdem sollen die Grundstücksbesitzer zur Strafe ruhelos um das Steini-Kriz geistern. Sie sollen einen Reigen aufführen und sich den zurückgelassenen Hut als Spielball zuwerfen. Keiner möchte ihn in den Händen halten, weil man dadurch als Waldfrevler enttarnt würde.

Der Bildstock auf dem Grubersgrund: Viele Menschenleben wurden zerstört

Der Bildstock auf dem Grubersgrund

Ein weiteres Kleindenkmal, nur wenige Fahrminuten entfernt, auf der Gemarkung Grubersgrund, erinnert uns an ein schreckliches Unglück. Ein großer Doppelhof stand hier einst, unter seinem weit auslaufenden Dach beherbergte er zwei Familien.

Grubersgrund – 23. März 1730

Es ist die Zeit des Frühlings, in der die ersten Sonnenstrahlen die Hoffnung auf einen Neubeginn nähren. Die Männer arbeiten im Wald, oberhalb des Hofs. Es ist Mittagszeit, und sie verspeisen ihr Vesper, das ihnen die Frauen am Morgen eingepackt haben. Plötzlich hören sie ein Krachen und Bersten von gewaltigem, ohrenbetäubendem Ausmaß. Noch nie haben sie etwas Vergleichbares vernommen. Das Unglück erahnend, springen sie auf und rennen los, bis zum Waldrand, der den Blick auf die steile Halde freigibt. Nur um zu sehen, dass sich am Nordhang eine große Erdschicht gelöst hat und krachend in das Tal gestürzt ist. Auf ihrem Weg hat die Schlammlawine alles mitgerissen und verschluckt, auch den großen Doppelhof. Ihre Frauen und Kinder liegen begraben unter der Erde. Elf Menschenleben. Nur durch ein Wunder überlebt ein kleines Kind, das aus dem Schlamm geborgen werden kann.

Das Doppelwohnhaus wurde nicht wieder errichtet. Augustinus Armbruster, ein Uhrmacher von Beruf und ein Nachfahre der Verunglückten, ließ den Bildstock erstellen. Er erinnert uns, dass die Natur zurückschlagen kann. In einer Zeit, in der Bäume rücksichtslos geerntet wurden und keine Wurzel dem Boden mehr Halt gab, wurde das Leben zweier Familien für immer zerstört.

Die Rückseite des Denkmals

Wo befindet sich das Denkmal?

In Schenkenzell fährt man auf der B 294 Richtung Alpirsbach und biegt rechts in die Straße Grubersgrund ab. Auf halber Höhe vor der Holzebene steht der markante Bildstock.

Der Flößer Mathis

Oberhalb der Kinzigflühen liegt verträumt in der Landschaft die Ruine der Schenkenburg. Im Inneren ihrer Gemäuer hält sie die Geschichte der einstigen Herrscher der Ortschaft Schenkenzell fest. Erbaut in der ersten Hälfte des 13. Jahrhunderts, war Schenk Heinrich, ein Dienstmann des Grafen von Freiburg, der erste Bewohner der einst prächtigen Burg. Ihm verdankt die Gemeinde ihren Namen: »Schenk« wurde der »celle« genannten Gemeinde

Die Ruine der Schenkenburg

vorangestellt. Schenkenzell war geboren. Bereits 1301 starb das Geschlecht jedoch aus, der Besitz wechselte auf das Adelsgeschlecht der Geroldsecker, die die Burg Ende des 15. Jahrhunderts aus Geldmangel an die Fürstenberger verkauften. Streitigkeiten führten zur Zerstörung der Burg im Jahr 1534. Sie wurde nie wieder errichtet. Erhalten sind ihre Ruinen, die zu einem Ausflug in die Geschichte einladen. Von der dominanten Position der Schenkenburg aus hat man einen wunderbaren Blick auf den Lebensfluss der Kinzig, einst eine wichtige Wasserader für den Holztransport. Viele Zeugen aus dieser Zeit sind nicht geblieben, den großen Weiher, der als Einbindestätte diente, kann man allenfalls noch erahnen. Auf dem Rücken des Schlossbergs, am Zugang zur Ruine, steht jedoch ein Bildstock, eingemeißelt in seinem Sandstein die tragische Geschichte eines Flößers.

Schenkenzell – 16. März 1748

Seit ich denken kann, bestimmt der Fluss mein Leben. Die Kinzig strömt in meinem Blut, nährt mein Herz und stillt meinen Durst. In meiner Familie sind wir Männer stolze Flößer, seit Generationen. Gelernt habe ich den Beruf von meinem Vater, er wiederum von seinem Vater. Und so geht das zurück, bis zu den grauen Vorzeiten der Schwarzwälder Flößerei. Eine harte Arbeit voller Gefahren. Man weiß nie, ob man abends wohlbehalten nach Hause kommt, seine Suppe essen und die Wärme seiner Frau spüren kann. Doch so eigenartig es klingen mag: Ich liebe dieses freie Leben in Unfreiheit. Das Sagen haben zwar die Schiffer, die edlen Herren mit den gut gefüllten Geldbörsen, die mit dem Holz handeln, das wir einfache Leut, Taglöhner, Waldarbeiter oder Bauern, für sie herrichten und liefern. Doch wenn ich auf dem Floß stehe und den Gewalten der Natur ausgesetzt bin, dann spüre ich das pure Leben in mir. Die schäumende Gischt benetzt mein Gesicht, die rasende Fahrt bringt mein Herz zum Bersten. Das sind die wahren Glücksmomente in meinem Leben!

Das kann kein Mensch nachvollziehen, der noch nie auf einem Floß gestanden ist. Die Kinzig ist wie ein verwöhntes Mä-

del, deren Launenhaftigkeit man ausgesetzt ist. Du musst ihren Willen ablesen, ihr schmeicheln, sie umgarnen, sonst verschluckt sie dich und spuckt dich später wieder aus.

Das Flößerhandwerk ist ein knochenhartes Geschäft. Doch ich bin stark wie ein Ochse und mutig wie ein Bär. Von April bis Martini verdiene ich mein Brot als Flößer in Schenkenzell, im Winter als Holzfäller in den Wäldern. Auf steilen Berghängen werden die Holländerstämme geschlagen und zugerichtet. Eine gefährliche Tätigkeit. Auf den vereisten Hohlgassen, den Riesen, lassen wir die Bäume ins Tal rasen. Auch diese Arbeit kann verhängnisvoll sein. Bleibt ein Stamm in einer Riese hängen, klettern wir in die Rinne und müssen ihn mit purer Manneskraft lösen. In der Hoffnung, dass der nächste Baum nicht schon losgelassen wurde und mit einer unkontrollierten Geschwindigkeit auf uns kracht. Der Jakob wurde so schon eingequetscht und ist gestorben. Die Stämme werden im Tal zu schmalen Flößen zusammengebunden, manchmal bis zu 16 Gestöre lang, und bis nach Schenkenzell geleitet. Hier, im großen Weiher unter der Burg, wird das Holz an die Schiffer von Schiltach und Wolfach verkauft. Die mit feinstem Tuch bekleideten Herren machen sich die Füße nicht nass. Sie wissen nicht, wie es ist, 14 Stunden in der kalten Kinzig zu stehen und die Stämme mit der Kraft des Wassers zu drehen, als wären sie schwerelose Tänzerinnen, und zu größeren Gestören zusammenzufügen. Auch wenn ich lederne Stiefel habe, die bis zu den Knien reichen – am Abend fühle ich meine Füße nicht mehr. Alles tot. Die einzelnen Gestöre werden dann mit Wieden, Taue aus Haselnussstämmchen, zusammengebunden. Auch das ist eine Kunst für sich und erfordert Erfahrung. Die Stämme müssen genau angeordnet werden, damit das Floß am Ende gelenkig wie eine Schlange auf der Kinzig gleitet. Wird es falsch zusammengebaut, kann es zum Beispiel hinten zu viel Schub bekommen, und die hinteren Gestöre krachen auf die vorderen. Eine gefährliche Angelegenheit für die Besatzung!

Wenn das Floß bereit für die Abfahrt ist, flöße ich es mit den anderen Männern nach Schiltach oder Wolfach, je nachdem, wer der Käufer ist. Mir ist das egal, welcher Schiffer das Holz sein Eigen nennt, Hauptsache, ich darf auf einem Floß stehen und das wilde Wasser spüren. Ein unglaubliches Gefühl. Damit es bis in die Städte schwimmt, muss das Wasser im Weiher allerdings aufgestaut werden. Das passiert meist nachts. Nach dem Öffnen des Wehrs setzt sich das Floß in Bewegung und gleitet auf einer Welle. Gelenkig, tänzelnd, wie eine Kreuzotter.

Auf dem Floß stehe ich am liebsten ganz vorne, auf dem Vorplätz, dem schmalsten Gestör mit dem beweglichen Ruderbaum. Dahinter kommen die großen Holländertannen, so dass das Floß trapezförmig angeordnet ist und gut im Wasser steht. Insgesamt können schon mal 30 Gestöre zusammenkommen. Das ist aber noch gar nichts im Vergleich zu den Riesenflößen, die auf dem Rhein schwimmen. Unten in Willstätt werden die Stämme nochmals umgebunden und zu breiten Rheinflößen umgebaut. Ich träume oft davon, auf solch einem Wassergiganten bis nach Holland zu reisen, da, wo sich unser Schwarzwaldwasser in einen riesigen Ozean ergießt. Bis zu 500 Mann fahren auf so einer schwimmenden Stadt bis hoch in den Norden. Sie führen nicht nur Oblasten mit sich, Waren die unterwegs verkauft werden, auch Vieh, das von den Köchen geschlachtet wird, um die hungrige Besatzung zu sättigen. Was für ein Abenteuer das sein muss! Das Holz

Eine gefahrenvolle Arbeit – die Flößerei

Der Flößerstein: das neue Keramikbild

bringen sie nach Speyer, Mainz, Köln, oder eben bis nach Holland. Der Holzhunger der Menschen ist ungebremst, nicht nur für die Glashütten und Bergwerke oder zur Holzkohlenherstellung, sondern als Bauholz. Überall in unserem schönen Lande wird gesägt und gezimmert. Überlegt mal, wie viel Holz in einer Kirche verbaut ist?

Meine Träumereien müssen warten. Meine Sofie erwartet unser erstes Kind. Ein Bub natürlich! Wie kann es anders sein? Und er wird ein stolzer Flößer, wie ich es bin. In seinen Adern wird die Kinzig ebenso fließen. Alles, was ich weiß, bringe ich ihm bei. Wenn er dann alt genug ist, machen wir uns auf nach Holland. Doch vorerst bleibe ich in meinem Dorf und flöße bis nach Wolfach. Dort angekommen, schlage ich den Pfad nach Schenkenzell ein. Auf dem Weg halte ich an der einen oder anderen Wirtschaft an und trinke ein Gläschen. Doch nicht zu viel, Zeit ist Geld. Der Höhepunkt des Jahres ist gleichzeitig der Abschluss des Floßjahres. Der Schiffer lädt uns dann üppig zu Speis und Trank ein. An diesem Tag gibt es kein Zügeln, da hauen wir richtig auf den Putz! Da fließt ein anderes Wässerchen in meinen Adern. Vergessen sind dann die Sorgen und Ängste, die Nässe und Kälte, die Verletzungen und Schmerzen.

Jetzt stehe ich hier im eisigen Wasser und sortiere die Stämme nach Käufer und Längen, damit wir die Gestöre binden können. Das Floßjahr hat erst begonnen. Heftige Regenfälle und das Schmelzwasser der Berge haben die Kinzig zu einem unberechenbaren Fluss anschwellen lassen. Das Wasser darf man nie unterschätzen, egal, bei welcher Tätigkeit am Fluss. So auch heute: Obwohl ich die Stämme wenden und gruppieren muss, darf ich die ankommenden Flöße von Kaltenbrunn und Reinerzau nicht aus den Augen verlieren. Mit großer Kraft kommen sie angeschossen und könnten mich zerquetschen.

Hat mich wer gerufen? Ich habe doch meinen Namen gehört. Moment, ich drehe mich mal um …

Was ist überliefert?

Überliefert ist lediglich, dass Mathis Bihler aus dem Tal des Kaibachs, ein Zufluss der Kinzig auf der Gemeindegrenze von Schenkenzell, bei der Ausübung seines Berufs tödlich verunglückt ist. Während der Sandsteinsockel dem Flößer gewidmet ist, erinnert ein Keramikbild in der Nische des Bildstocks an Luitgard von Wittichen, Gründerin des gleichnamigen Klosters, erbaut im 14. Jahrhundert. Sie erlag 1348 der Pest, nachdem sie Pestkranke gepflegt hatte. Das ursprüngliche Keramikbild, das zur 700-Jahr-Feier der Gemeinde Schenkenzell 1955 erstellt worden war, wurde in den 1960er Jahren widerrechtlich herausgemeißelt. Doch dank des Einsatzes des Heimatforschers Willy Schoch schmückt seit 2022 eine Nachbildung die Nische.

Wo befindet sich das Denkmal?

Der Bildstock steht zwischen Schenkenzell und Schiltach, direkt unterhalb der Ruine der Burg Schenkenzell. Sehr zu empfehlen ist der Flößerpfad, der die historisch bedeutenden Flößerorte entlang der oberen Kinzig, von Loßburg bis Wolfach, verbindet. Zahlreiche Informationstafeln lassen uns in das Leben der Menschen blicken, die vom Holztransport lebten, einem einst wichtigen Gewerbe.

Die tapferen Heidelbeersammler

Schwach wehen vom Tal die Kirchenglocken hinauf auf den Hirzenboden. Als wollten sie mit ihrem Geläut in dieser kaum von Menschheit berührten Gegend den Wanderer davor bewahren, sich zu verirren. Ähnlich einem Leuchtturm, der die Schiffe ruft und sie sicher bis zum Heimathafen geleitet. Dass man sich in der dunklen Jahreszeit verirren kann, wenn Schneewehen über den Schwarzwald fegen und das Landschaftsbild in Illusionen wandeln, scheint durchaus möglich. Doch im Hochsommer, an einem sonnigen Tag? Die Verirrten waren junge Kinder.

Oberlehen – Samstag, 23. Juli 1938

Es sind furchtbare Zeiten, geprägt von einer schrecklichen Ungewissheit. Veränderungen, die das gemächliche Leben stören, sogar in Oberlehen, im tiefsten Schwarzwald, da, wo sich das Leben der Menschen in Jahrzehnten kaum gewandelt hat und die Bewohner friedlich ihr Tagewerk verrichten. Ein sonniges Hochtal, sanft gewellt, auf dem stattliche Eindachhöfe wie Kleckse die Landschaft bemalen. Behütet wird die Gemeinde von mächtigen Wächtern: Die Gipfel Herzogenhorn, Blößling und Spießhorn bieten fantastische Fernblicke, an klaren Tagen bis zu den verschneiten Spitzen der Alpen. Die Holzschnitzerei ist ein wichtiger Erwerbszweig. Löffelmacher, Schachtelmacher, Mäusefallenmacher sind nur einige der ausgeübten Berufe in der weitläufigen Streusiedlung. Es lebt sich gut in Bernau. Doch trotz der überwundenen Wirtschaftskrise und der herrschenden Vollbeschäftigung ziehen dunkle Wolken am Himmel auf. Die Unsicherheit ist spürbar.

Umso mehr freuen sich die Frauen auf den Ausflug. Es ist Sommer und die Zeit der Ernte. Der Wald übertrifft sich selbst mit einer Fülle an Früchten. Nach den Walderdbeeren und Himbeeren lockt nun das dunkle Blau der Heidelbeeren mit seiner Süße. Anna, ihr vierjähriger Sohn Edwin und ihre Nachbarin, die denselben Vornamen trägt, mit ihrer dreijährigen Enkelin Hedwig bewaffnen sich mit ihren Blechkannen und machen sich auf den Weg. Die Kinder sind nicht nur im fast gleichen, verspielten Alter, sie sind auch Cousins. Die Gruppe läuft Richtung Stöckerwald, in der Ferne ragt der Blößling. Es ist ein heißer Sommertag, und die Luft flimmert vor Hitze. Umso mehr lockt der Wald mit seiner angenehmen Kühle und seinem harzigen Duft. Die Kinder rennen vornweg, versunken in Spielen, die nur sie verstehen, die Frauen laufen plaudernd hinterher. Die Zeit vergeht wie im Flug. Mitten im Wald, an einer Wegkreuzung, schlagen sie ihr Beerensammellager auf, denn soweit sie blicken können, sehen sie zwischen den Tannen und Fichten ein blaues Meer an Heidelbeeren. Zuerst wird gevespert. Nach dem Anstieg sind alle hungrig, und die mitgebrachten Brote sind im Nu verzehrt. Und im Wald schmeckt es einfach besser. Die Frauen

Auf dem Ledertschobenstein

Der Ledertschoben hängt am Baum

nehmen große Milchkannen zur Hand, die Kinder kleinere Gefäße. Noch bevor Edwin und Hedwig freudig davonrennen, um sich ihre Nachspeise zu pflücken, ermahnen die Frauen sie, beisammen und in der Nähe des Rastplatzes zu bleiben, der ihr gemeinsamer Treffpunkt ist. Die Frauen sind bald versunken in ihrer Arbeit und verlieren ihr Zeitgefühl. Die Luft hat sich gewandelt und fühlt sich mittlerweile an wie dicker Haferbrei. Trotz der leichten Brise, die hier oben weht, gehen die Gedanken träge. Die ersten Blechkannen sind schon gefüllt, als sich eine der Frauen wundert, die Kinder nicht mehr zu hören. Am Sammelplatz treffen

Das Denkmal der kleinen Heidelbeersammler

die Frauen aufeinander und rufen nach den Kleinen.
»Edwin, Hedwig. Kommt her!« Immer wieder ertönen die Namen der Kinder. Zuerst unbekümmert, ein Versteckspiel vermutend, dann ermahnend, um schließlich in ein panisches Crescendo zu münden. Was genau in den Frauen vorgeht, können Eltern mit Schrecken nachempfinden. Wahrscheinlich haben sie versucht, in den Wald hineinzuhören, einen Hilferuf zu vernehmen oder ein Knacken von Ästen, das ihnen verraten hätte, wo sich die Kinder aufhalten. Oder sie sind, verrückt vor Sorge, panisch hin und her gelaufen, die Namen der Kinder schrill rufend. In dem

Moment haben sie vielleicht bereits eine düstere Ahnung, die ihnen sagt, dass sich etwas Schreckliches über ihren Köpfen zusammenbraut und sich ihr Leben für immer verändern wird.

Die Frauen machen sich auf die Suche, wohl in die falsche Richtung. Nun hoffen sie, dass sich die Kinder auf den Heimweg begeben haben und sie sie wohlbehalten zu Hause antreffen werden. Doch sobald sie in Oberlehen ankommen, zerschlagen sich ihre Hoffnungen. Die Kleinen sind nicht daheim. Der Vater von Edwin, der im Staatswald tätig ist, wird verständigt. Sofort werden Trupps organisiert, doch die Suche nach den Kindern bleibt zunächst erfolglos. Schließlich: ein Hoffnungsschimmer. Sie treffen auf einen Kurgast aus Baden-Baden, der in der Ortschaft verweilt und sich erinnert, die Kleinen gesehen zu haben.
»Hand in Hand sind sie gelaufen.«
Dass sie alleine im Wald unterwegs sind, scheint ihm suspekt. Auf seine Frage hin antwortet der Bub: »Die Mama ist da oben in den Beeren.«
Nichts Schreckliches ahnend, macht sich der Wanderer auf den Weg. Eine fatale Entscheidung, die ihn Jahre später noch sehr mitgenommen hat.
Am Abend braut sich ein furchtbares Unwetter zusammen, das in der Nacht seinen Höhepunkt erklimmt. Die Naturgewalten scheinen entfesselt zu sein, und ein schrecklicher Sturm entlädt sich über den Bergen oberhalb Oberlehens.
Auch am Sonntag, einen Tag nach dem Verschwinden der Kinder, bleibt das Wetter sehr unbeständig. Die Bevölkerung sucht ohne Unterlass nach den Kleinen, doch sie werden nicht gefunden. Erst am Montag, mitten im tiefen Wald, in der Nähe des Hirzbodens. Der Fundort der Leichen ist etwa drei Kilometer von ihrem Rastplatz entfernt. Sie sind an einer Lungenentzündung und an Herzversagen gestorben. Ihre Geschwister durften die tapferen Heidelbeersammler nicht mehr kennenlernen, sie sind nach ihnen geboren.

Wo befindet sich das Denkmal?

Das Denkmal kann man nur zu Fuß erreichen. Von Bernau kommend, fährt man auf der L 146 Richtung Todtmoos. Nach dem Taubenmoos befindet sich auf der linken Seite der Parkplatz »Rotes Kreuz«. Von dort geht es zu Fuß weiter, denn der Gedenkstein steht mitten im Wald, zwischen dem Blößling und dem Hochkopf, in der Nähe des Hirzenbodens. Er befindet sich unterhalb des Gipfels. Vom Ledertschobenstein und seiner fantastischen Fernsicht läuft man Richtung Hirzenboden, der Weg ist ausgeschildert. Sehr zu empfehlen ist die Wanderung zum Blößling. Als »stiller Berg« ist er weniger bekannt, dafür umso spektakulärer. Im Sommer erwartet ein Wildblumenparadies den Wanderer. Dann ist es nicht mehr ganz so ruhig auf dem Gipfel: Ein melodiöses Summen und Brummen heißt uns willkommen.

Der Blößling –
der Blumengipfel

Die Taufpatin Magdalena

Viele Gegenden des Schwarzwalds waren lange Zeit schwer zugänglich. Die Menschen, die hier lebten, mussten gefährliche Strecken in Kauf nehmen, um nicht von der Außenwelt abgeschnitten zu sein. Heute noch zeugen viele Denkmale von tragischen Unglücksfällen. Ein Wanderer, der von einem Baum erschlagen wurde oder von einem Felsen ins Leere stürzte, ist keine Seltenheit. Die Fahrt der ersten dampfenden Dame, die sich pfeifend und schimpfend ihren Weg durch das Kinzigtal gebahnt hat, durfte Magdalena nicht mehr erleben. Erst 1878 wurde die Strecke bis Wolfach und anschließend 1886 bis Schiltach ausgebaut. Eine umwälzende Veränderung für die abgeschieden lebenden Menschen, die nun sicher und schnell an ihr Ziel kamen. Magdalenas Bildstock steht verborgen, unmittelbar oberhalb der Bahngleise, an einem Pfad, der die beiden Flößerstädtchen verbindet, und blickt auf die vorbeifahrenden Gäste der Bahnstrecke.

Vor Heubach (Schiltach) – 19. November 1876

Ein dichter, zäher Nebel steigt von den Kinzigflühen auf, kriecht den Hang hinauf und schleicht sich in Magdalenas Haus. Ihr Herz erreicht er nicht, ihr ist ganz warm. Ein kleines Feuer knistert in ihrem Inneren, denn heute ist ein Freudentag. Sie lehnt ihre Stirn an das kalte Fenster und verschließt die Augen vor der Nebelwand und vor dem harten Tagewerk. Sie leben einsam und abgeschieden auf ihrem Hof. Der Tag scheint zu wenige Stunden zu haben für die Arbeit, die täglich verrichtet werden muss. Gestern noch stand sie stundenlang über dem Waschbrett gebeugt und hat die weiße Wäsche geschrubbt. Eine Knochenarbeit, die sie in den Fingern und im Rücken spürt. Der Tag war danach nicht zu Ende. Kochen, Butter schlagen, das Vieh versorgen, den Nutzgarten für den Winter vorbereiten, abends dann das Stopfen der Strümpfe. Hilfe im Haushalt bekommt sie nur von der Tochter, die ihr noch geblieben ist. Trotz all der Mühen kann sie sich nicht beklagen. Ihr Mathäus ist ein guter Mann, tüchtig verrichtet er sein Tagewerk. Doch mit dem »Weiberkram« ist sie alleine. Er ist wortkarg, ihr Mathäus, doch das ist allemal besser als Annas Mann, der jedem Rockzipfel hinterherrennt. Oder der Hans von der Marie, der seinen Schnaps am liebsten selber trinkt und dem danach die Hand ausrutscht. Sie spürt, wie das kalte Fenster ihre glühenden Wangen kühlt. Sie öffnet die Augen und lächelt.

Heute wird die kleine Elisabeth getauft, das zehnte Kind von Roman und Euphrosia, ihren Nachbarn. Und sie ist die Gotte. Eine ehrenvolle Aufgabe, denn sie darf das kleine Mädchen in die Kirche tragen. Vor den Augen aller, unter dem wachsamen Blick der Mutter Gottes. Mit dem Taufgang endet ihre Verantwortung nicht. Bis zu ihrer Schulentlassung, spätestens bis zu ihrer Heirat, wird Magdalena ein wachsames Auge auf Elisabeths Erziehung werfen. Sollte gar der Mutter etwas zustoßen, so wäre Magdalena für das Mädchen verantwortlich. Sie seufzt und denkt an die vielen Mütter, die bei der Entbindung sterben. Sie schenken Leben und verschenken ihres dabei. Sie kann

Magdalenas Bildstock: bewacht von einer Eibe – dem Baum der Toten *ein Lied davon singen. In jedem Tal gibt es Frauen, die im Kindsbett sterben. Das Fieber holt sie und zerrüttet dabei die Familien für immer. Die kleine Elisabeth hat die Welt um sie herum erst vor einigen Tagen kennengelernt. Euphrosia hütet das Bett und erholt sich von den Strapazen der schweren Geburt, die ihren Leib fast zerrissen hätte. Die Härte des Lebens und ihre Pflichten werden die Gebärende schnell genug einholen. Die Taufe findet kurz nach der Geburt statt, wie üblich, zu groß wäre die Gefahr, dass das Kind ohne Aufnahme in den Schoß der Kirche stirbt. Magdalena weiß, wovon sie spricht. Von ihren elf Kindern haben nur sechs überlebt, die anderen sind früh gestorben. In ihrem Herzen haben sie fünf klaffende Wunden hinterlassen. Viele Jahre sind seitdem bereits vergangen, harte Tage mit ihrem Kreuz und Momente der Freude haben sich aneinandergereiht wie die Perlen auf einer Schnur, ihre Lebenskette. Doch vergessen kann sie nicht, und sie weiß, dass ihre Gedanken ab und an ins Düstere abgleiten. Das Fenster reflektiert ihr Spiegelbild, sie sieht eine alte Frau, von den Härten gezeichnet. Sie ist jetzt 51 Jahre alt. Magdalena streicht den Schurz ihrer Festtagstracht glatt und wirft die trüben Gedanken von sich. Ein tiefes Einatmen. Sie ist bereit für den Festtag.*

Schnellen Schrittes durchbricht sie den Nebel und marschiert nach Leubach, wo die kleine Elisabeth auf sie wartet. Ihr Mann möchte nachkommen. Schon kann sie den Harterhof sehen. Eine freudige Erregung macht sich breit. Sie malt sich aus, wie sie das süße Mädchen auf das Taufkissen bettet. Feinste Spitze ziert die eigens dafür gestickte Borte. Dann wird sie den Gang entlang vor den Altar treten. Nach dem Festgottesdienst geht die Taufgesellschaft ins Gasthaus: Graupensuppe mit Ochsenfleisch, gefolgt von Schweinefleisch und Sauerkraut, danach Küchle

Hier fand
Magdalena
Haaser
Ehefrau des
was du bist.
Hier siehe was dein
Leben ist.
ein Leichenkleid,
Vater unser

und echten Kaffee. Seinen leicht bitteren Geschmack kann sie bereits auf der Zunge spüren.

Rufe durchbrechen ihre Gedanken. Es ist der Harterbauer, der sie zur Eile antreibt, denn es ist ein langer Weg bis nach Wolfach, wohin der Harterhof eingepfarrt ist. Schiltach wäre näher, doch die sind evangelisch. Magdalena nimmt den Säugling in die Arme und drückt ihn fest auf ihre Brust. Eine Woge der Wärme erfasst ihren Körper. Das kleine Mädchen hat ihr Herz mit seinem ersten Atemzug schon längst gewonnen. Sie besteigt mit ihrem Gottekind und den anderen Gästen den Leiterwagen. Kaum sitzen alle, ertönt das »Hü« des Harterbauers, und das Pferd setzt sich in Bewegung. Auf dem steinigen Pfad, der hoch am Hang entlangführt, werden sie kräftig durchgerüttelt. Tief unten, irgendwo unter der Nebelbrühe, fließt die Kinzig nach Wolfach und dann bis zum Rhein. Den Fluss kann sie heute nicht sehen. Das stetige Hopsen und das kräftige Rumpeln wecken den friedlich schlafenden Säugling. Elisabeth schreit ihren Unmut lauthals in die neblige Welt hinein, als würde sie das nahende Unglück spüren. Plötzlich, kurz vor Sulzbächle, scheut das Pferd, und der Wagen stürzt die steile Böschung hinab. Kein Hindernis, das seinen Fall bremsen kann, denn die Bäume sind schon längst abgeholzt. Polternd schlägt der Wagen immer wieder auf den Felsen, bis er schließlich zertrümmert im Tal liegt. Seine wertvolle Fracht hat er in alle Richtungen geschleudert.

Die Helfer finden Magdalenas leblosen Körper. Sie hat sich bei ihrem Sturz das Genick gebrochen. In ihren Armen hält sie die kleine Elisabeth noch fest umschlungen. Das Mädchen überlebt den tödlichen Sturz. Ein Wunder. Mathäus lässt an der Stelle des Unfalls einen Bildstock zum Gedenken an seine Frau errichten. Dass Magdalena als Taufpatin das Leben ihres Schützlings so schnell behüten würde, konnte sie an dem grauen Novembertag nicht erahnen.

Viele Jahre vergehen. Elisabeth wächst mit der Gewissheit auf, dass ihr Leben auf wundersame Weise bewahrt worden ist. Ein kostbares Geschenk. Zum Dank legt sie ein Gelöbnis ab: Sollte sie heiraten und Söhne gebären, so soll sich ihr Erstgeborener der Kirche zuwenden. Das Leben führt sie nach Straßburg, wo sie in Stellung ist. Dort lernt sie Georg Bigott kennen und lieben. Das Paar heiratet und führt gemeinsam ein Milchgeschäft. Zwei Söhne werden geboren, Fridolin und Otto. Mittlerweile lebt die Familie in Freiburg, in bescheidenen Verhältnissen. Nach dem Ersten Weltkrieg wurden sie als Reichsdeutsche aus dem Elsass ausgewiesen. Trotzdem ermöglichen die Eltern, nicht ohne Verzicht, ihrem Erstgeborenen das Studium der Theologie. Fridolins Priesterweihe findet 1931 statt. Es folgen mehrere Stationen im Schwarzwald, bevor er 1943 die Pfarrei Nußbach im Renchtal übernimmt. Von dort aus erreicht er, unter Einsatz seines Lebens, dass die deutsche Artillerie den Befehl, Straßburg und sein berühmtes Münster zu beschießen, nicht ausführt. Für seinen Einsatz feiern ihn französische Zeitungen als »Retter des Straßburger Münsters«. Hätte Elisabeth nicht überlebt, was wäre dann mit dem Straßburger Münster geschehen? Später macht sich Fridolin um die deutsch-französische Versöhnung verdient. Zeit seines Lebens fühlt er sich mit dem Bildstöckle vor Leubach sehr verbunden. Den Stein, der an den Todessturz erinnert, bei dem die schützenden Arme der Gotte seiner Mutter das Leben schenkten, lässt er vor seinem Tod 1973 restaurieren. Magdalena wäre sicherlich stolz auf den Sohn ihres Patenkindes gewesen.

Was ist überliefert?

Die tragischen Ereignisse sind aufgearbeitet und gut dokumentiert worden, insbesondere von dem Heimatforscher und Nachfahren Hans Harter.

Die Kindersterblichkeit war Ende des 19. Jahrhunderts immer noch erschreckend hoch. Um 1880 starb in Baden jeder vierte Säugling. Bei Kindern bis 15 Jahren lag sie bei ungefähr 40 Prozent. Häusliche Geburten, mangelnde Hygiene und Krankheiten trugen zu einer hohen Sterblichkeit bei, sodass der kindliche Tod das Leben in vielen Familien prägte.

Wo befindet sich das Denkmal?

Der Bildstock wurde entlang des Flößerpfads aufgerichtet und befindet sich zwischen Wolfach und Schiltach. Von der B 294 nimmt man am besten die Abzweigung nach Sankt Roman und begibt sich nach der Bahnlinie auf den Flößerpfad. Das Denkmal ist zwischen Sulzbächle und Leubach gelegen.

Hier Mensch, hier lerne, was du bist,
Hier siehe, was dein Leben ist,
Ein Sarg nur und ein Leichenkleid
Bleibt dir von aller Herrlichkeit.
(Inschrift auf dem Sockel)

Danksagung und Literaturhinweise

So viele wunderbare Menschen haben mich mit Begeisterung bei meinen Recherchen unterstützt: die Mitarbeiterinnen des Landesamts für Denkmalpflege, die vielen Mitarbeiter*innen von Gemeindeverwaltungen und Archiven und viele lokale Heimatforscher. Ich danke ihnen von Herzen. Wenn diese bewegenden Schicksale nicht im Sumpf des Vergessens versinken, dann ist es ihr Verdienst. Ein ganz besonderer Dankesgruß an: Martina Blaschka und Anke Heinemann, Prof. Dr. Rüdiger Glaser, Wolfgang Froese, Dr. Hans Harter, Jürgen Illig und Willy Schoch.

Allgemeine Literatur

Bernhard Losch: Sühne und Gedenken. Steinkreuze in Baden-Württemberg, Theiss Verlag, 1981

Bernhard Oeschger und Edmund Weeger: Schwarzwaldleben anno dazumal, DRW-Verlag, 1989

Dieter Kapff und Reinhard Wolf: Steinkreuze, Grenzsteine, Wegweiser ..., Theiss Verlag, 2000

Klaus Hoggenmüller und Wolfgang Hug: Die Leute auf dem Wald, Theiss Verlag, 1987

Martina Blaschka und Landesamt für Denkmalpflege im Regierungspräsidium Stuttgart: Kleindenkmale Baden-Württemberg, Thorbecke Verlag, 2021

Thomas Binder: Kämpfen. Leiden. Lieben, Südverlag, 2020

Wolfgang Hug: Geschichte Badens, wbg Theiss, 2016

Freiburg

Benedikt Schaufelberger: Wie die Freiburger ihr Münster bauten, Verlag Herder, 2000

Eva-Maria Butz: Adlige Herrschaft im Spannungsfeld von Reich und Region, Quellendokumentation zur Geschichte der Grafen von Freiburg 1200–1368, Freiburg i. Br., Stadtarchiv, 2002

Heiko Haumann und Hans Schadek: Geschichte der Stadt Freiburg im Breisgau, Theiss Verlag, 1996

Heinrich Schreiber: Die Volkssagen der Stadt Freiburg und ihrer Umgebung, Verlag Xav. Wangler, 1867

Peter Kalchthaler: Kleine Freiburger Stadtgeschichte, Verlag Friedrich Pustet, 2006

Gernsbach

Cornelia Renger-Zorn: Die Ebersteiner, Badner Buch-Verlag, 2011

Peter Hirschfeld: Die Kunstdenkmäler des Landkreises Rastatt, Müller, 1963

Landkreis Rastatt: Zeugen der Zeit – Bildstöcke und Kreuze im Landkreis Rastatt, 1985

Kappelrodeck

Adolf Hirth: Kappelrodeck Orts-Chronik, 1999

Adolf Hirth: Kleinode am Weg, Achertäler Druckerei, 1988

Kinzigtal

Heinrich Hansjakob: Waldleute, Verlag Stadt Haslach im Kinzigtal, 1984

Zeitschriften, Dokumentationen, Zeitungsartikel und Internetseiten:

Badische Heimat: Hermann Fautz – Feldkreuze und Bildstöcke im oberen Kinzigtal, 1966; Bertold Rudolf – Hotzenwald und Hochrhein, 1986

Badische Zeitung: Ulrike Spiegelhalter, 02.08.2018, Roland Weis, 25.11.2018

Die Ortenau: O. Müller – Bestandsaufnahme der Steinkreuze in Mittelbaden, 1938

Fürstenberger Waldbote, Jahrgang 1962

Heimatblätter: Karl Hofmeyer – Die Sage vom Hirschen in Neustadt, 1922

Hierzuland, Badisches und anderes von Rhein, Neckar und Main: Karl-Heinz Hentschel – Der Ettlinger »Tote Mann« aus neuer Sicht, 1994

Landkreis Lörrach: Lebensspuren – Kleindenkmale im Landkreis Lörrach, 2011

Schwarzwälder Bote: Hans Harter, 20.11.2020, Michaela Sum, 2022

Schnell Kunstführer: Ehemalige Klosterkirche Wittichen, 2016

Spiegel Wissenschaft: Axel Bojanowski – Europas härtestes Jahrzehnt, 2016

Tourist Informationen Loßburg, Alpirsbach, Schenkenzell, Schiltach, Wolfach: Holz im Fluss – Flößerei im oberen Kinzigtal, diverse Autoren

University of Zurich: Clausdieter Schott – Totschlag – »Schmach« – Friedbruch: die Ebringer Kirchweih – eine Rechtsgeschichte, 2012

Vom Jura zum Schwarzwald – Blätter für Heimatkunde und Heimatschutz: Konrad Sutter, 1995

www.freiburgs-geschichte.de

www.suehnekreuz.de

www.tambora.org

Bildrechte

Seite 15: Jürgen Illig

Seite 111: Urheber Michael Wasmer, Quelle Kreisarchiv Lörrach

Alle anderen Fotografien: Astrid Lehmann.